Philipp II.

rowohlts monographien
begründet von Kurt Kusenberg
herausgegeben von Wolfgang Müller
und Uwe Naumann

Philipp II.

Dargestellt von Manfred Vasold

Rowohlt Taschenbuch Verlag

Umschlagvorderseite: Bildnis Philipps II., vor 1582.
Gemälde von Sánchez Coello
Umschlagrückseite: Seeschlacht bei Lepanto.
Zeitgenössisches Gemälde
Der Escorial. Gemälde eines unbekannten Künstlers

Seite 3: Porträt Philipps II., von Antonio Moro
(Anthonis Mor)
Seite 6: «Philipps Palast»: Hier erblickte Philipp
das Licht der Welt.

Originalausgabe
Veröffentlicht im Rowohlt Taschenbuch Verlag GmbH,
Reinbek bei Hamburg, Juni 2001

Umschlaggestaltung Ivar Bläsi
Redaktionsassistenz Katrin Finkemeier
Reihentypografie Daniel Sauthoff
Layout Gabriele Boekholt
Satz PE Proforma *und* Foundry Sans *PostScript, QuarkXPress 4.1*
Gesamtherstellung Clausen & Bosse, Leck
Printed in Germany
ISBN 3 499 50401 4

Die Schreibweise entspricht den Regeln
der neuen Rechtschreibung.

INHALT

Philipps Kindheit

Bei ihren Heiraten bewiesen die Habsburger stets eine glückliche Hand: Die Vermählung zwischen dem Habsburger Philipp dem Schönen und der spanischen Königstochter Johanna im Jahr 1496 brachte vielleicht «die denkwürdigste dynastische Verbindung der Neuzeit zustande» (Karl Brandi)[1]. Diese Ehe war eine der wichtigsten in der europäischen Geschichte: Das Haus Habsburg, das über weite Teile Mitteleuropas herrschte, vereinigte sich mit dem spanischen Königshaus Trastámara, dem kurz zuvor im Vertrag von Tordesillas (1494) weite Teile der neu entdeckten Welt zugewiesen worden waren.

Aus dieser Ehe ging der spätere Kaiser Karl V. hervor. Karl wurde im Jahr 1500 in Gent, der alten Hauptstadt Flanderns, geboren. Er vermählte sich am 11. März 1526 in Sevilla mit der portugiesischen Königstochter Isabella. Im folgenden Mai siedelte das junge Paar nach Granada über und bezog dort, unweit vom alten Palast der Maurenkönige, ein Gebäude im Stil der italienischen Renaissance. Als das junge Königspaar im Dezember 1526 Andalusien in Richtung Kastilien verließ, war die junge Königin gesegneten Leibes.[2] Sie ließen sich in Valladolid nieder, dem Regierungssitz des Königreichs Kastilien. Hier kam am 21. Mai 1527 ihr Sohn Philipp zur Welt.

Eine feste Residenz hatte der spanische Hof seinerzeit noch nicht. Aber auch der Alcázar von Valladolid, das alte Königsschloss, war nicht für das Paar gerichtet, er diente seit dem 14. Jahrhundert den Benediktinern als Abtei. Das Königspaar stieg daher in einem Privathaus ab, das einem Adligen gehörte, Don Bernardino Pimentel. Doch weil Philipp hier das Licht der Welt erblickte, wird es bis heute als «Palast Philipps II.» bezeichnet.[3]

Einer der Räume dieses Palastes gibt von einem schön dekorierten Fenster aus den Blick frei hinüber zur Kirche San Pablo; in diesem Raum kam er zur Welt.

Es war eine schwierige Geburt, die Mutter eine Erstgebärende. Die Wehen dauerten dreizehn Stunden. Als eine der Hebammen

Isabella aufforderte, sich keinen Zwang anzutun und laut zu brüllen, wenn der Schmerz sie übermannte, stieß die Gebärende «Lieber sterben!», heraus.[4]

Der Vater, Kaiser Karl, hatte in den frühen Morgenstunden noch die Heilige Messe gehört; danach wollte er nicht mehr von der Seite seiner Gemahlin weichen. Als Philipp aus dem Leib der Mutter ausgetreten war, nahm Karl den Neugeborenen auf den Arm. Von der benachbarten Kirche ertönte Glockengeläut. In der Kirche San Pablo wurde Philipp auf den Namen des Erzherzogs Philipp von Österreich getauft, so wollte es sein Vater, obwohl dieser Vorname in Spanien ungewöhnlich war.

Die Kirche San Pablo in Valladolid, in der Philipp getauft wurde

Es war der 21. Mai 1527, und nur wenig später traf in Spanien die Nachricht ein, seit dem 6. Mai werde die Heilige Stadt Rom – in dem berüchtigten «Sacco di Roma» – von den Truppen Kaiser Karls V. geplündert. Dies wurde als ein übles Vorzeichen für den Neugeborenen gedeutet, und in Kastilien begann die Prophezeiung umzugehen, der junge Prinz werde eines Tages der römischen Kirche großes Unheil bereiten.[5]

Nun hat Isabella ihr erstes Kind, einen Sohn. Als im folgenden Winter eine Seuche ausbricht, flieht das königliche Paar von Valladolid nach Madrid. Hier schwört am 19. April 1528 die kastilische Cortes, die Ständeversammlung, dem knapp einjährigen Thronerben den Treueid. Zwei Monate später, am 21. Juni 1528, schenkt Isabella erneut einem Kind das Leben. Diesmal ist es ein Mädchen, es wird auf den Namen Maria getauft.

Philipps Vater, Kaiser Karl V. – der zugleich als König Karl I. über Spanien regiert –, hat viele Herrscherpflichten und daher wenig Zeit für seine junge Familie. Oft ist er für lange Zeit von Spanien abwesend: Von 1529 bis 1533 weilte er in Italien oder Deutschland; 1535/36 war er wieder unterwegs, in Tunis diesmal, gegen die Türken, und von 1539 bis 1541 zog er in den Niederlanden umher, nach 1543 erneut im nördlichen Europa. Von seinem Erstgeborenen sieht er also wenig in diesen Jahren. Während seiner Abwesenheit lässt sich Karl in Spanien von drei Vizekönigen vertreten: in Katalonien vom Marquis von Lombay, Frances de Borgia, im Königreich Valencia von dem Herzog von Kalabrien, Fernando d'Aragón, und in Aragón selbst vom Grafen von Morate, Pedro de Luna. Über Navarra herrschte ein eigener Vizekönig, Santiago Hurtado.[6]

Der kleine Philipp bleibt die ersten sieben, acht Jahre unter der Aufsicht seiner Mutter. Dort wächst er heran, zusammen mit seiner jüngeren Schwester Maria und, später, mit der 1537 geborenen Johanna. Die Mutter verfährt mit dem Knaben viel strenger als die Damen des Hofes, bisweilen prügelt sie ihn sogar gehörig durch. Lesen und Schreiben bringt sie ihm in diesen Jahren nicht bei. Der Unterricht des Knaben beginnt im Alter von sieben Jahren: Philipp lernt zunächst Lesen und Schreiben, dann folgt die Beschäftigung mit der kastilischen Grammatik und mit Orthographie. Als Fürstensohn muss er sich vor allem tadellose Manieren aneignen. Dies geschieht mit Hilfe des Buches «Institutio principis christiani», das Erasmus von Rotterdam zwanzig Jahre zuvor verfasst und seinem Vater gewidmet hat.

Karl hat sich früh in Italien, in Bologna, nach einem guten Lehrer für seinen Sohn umgesehen und fand dort einen Deutschen, den Friesen Wieger von Aytha, der wiederum mit einem alten Bekannten des Kaisers, dem Bankier Anton Fugger, befreundet war. Doch dieser Friese lehnt es ab, die Erziehung des Knaben zu übernehmen. Daraufhin schaut sich Isabella in Spanien nach einem geeigneten Lehrer für ihren Sohn um und findet ihn in Juan Martínez Guijeño, der sich mit dem latinisierten Namen Siliceo bezeichnet. Er ist Inhaber des Lehrstuhls für antike Philosophie an der altehrwürdigen Universität von Salamanca, der bedeutendsten von Spaniens Hohen Schulen. Als Lehrer war dieser Siliceo anspruchsvoll, und er war sogar ein guter Lehrer; doch scheint er

Spanien und die Entdeckungen im Zeitalter Karls V. und Philipps II.

1500 Richter Bobadilla verfügt die Absetzung des Kolumbus von seinem Gouverneursposten. Verbot der Krone Kastiliens, Ureinwohner Amerikas als Sklaven nach Europa zu bringen.

1501/2 Amerigo Vespucci verwendet in seinen weithin publizierten Briefen erstmals die Bezeichnung «Mundus Novus» für die von Kolumbus Asien zugeschriebenen Gebiete.

1503 Gründung der Casa de la Contratación in Sevilla, Monopolisierung des Amerikahandels durch die Krone.

1504 Königin Isabella die Katholische stirbt, in ihrem Testament verfügt sie die gute Behandlung der Indianer.

1505 Spanische Franziskaner gründen in Santo Domingo eine Schule.

1507 Martin Waldseemüller nennt auf seiner Weltkarte den Süden des neu entdeckten Doppel-Kontinents «Amerika».

1508 Papst Julius II. verleiht der kastilischen Krone die Patronatsrechte in der Neuen Welt.

1511 Diego Colón beginnt mit der Eroberung Kubas. Erste Gründung von katholischen Bistümern in der Neuen Welt.

1512 Die «Gesetze von Burgos» regeln erstmals die persönliche Freiheit der Indianer unter kastilischer Herrschaft.

1513 Der Portugiese Vasco Núñez de Balboa entdeckt bei Überquerung der Landenge von Panama den Pazifik.

1514 Bartolomé de las Casas beginnt gegen die Unterdrückung der Indianer zu kämpfen.

1519–21 Karl V. vergibt die erste Konzession zur Einfuhr schwarzer Sklaven von Afrika nach Amerika. Eroberung Mexikos durch Hernán Cortés.

1526 Ankunft der Dominikaner in Mexiko. Die ersten afrikanischen Sklaven werden nach Kuba gebracht.

1528 Die Augsburger Welser erhalten das Monopol der Einfuhr afrikanischer Sklaven (bis 1536) und der Kolonisierung Venezuelas.

1529 Der Vertrag von Zaragoza teilt die Philippinen der Krone Kastiliens zu, die Molukken Portugal.

1531 Francisco Pizarro beginnt den dritten Eroberungsfeldzug in Peru.

1534 Der portugiesische König Johann III. leitet die Kolonisierung Brasiliens ein. Sebastián de Benalcázar erobert Quito.

1536 Gonzalo Jiménez de Quesada beginnt mit der Eroberung von Neu-Granada (Kolumbien).

1537 Papst Paul III. erklärt die Indianer zu vernunftbegabten Menschen.

1539 In Mexiko wird das bisher erste bekannt gewordene Buch Amerikas gedruckt.

1542/3 Das Vizekönigreich von Peru wird eingerichtet. Bartolomé de las Casas beendet seine Schrift «Kurzgefasster Bericht von der Zerstörung der Indien» und wird Bischof von Chiapas.

1544/5 Der spanische Hofchronist Juan Ginés de Sepúlveda verfasst seine Rechtfertigung der spanischen Vorgehensweise in der Neuen Welt.
1545/6 Entdeckung der reichen Silbervorkommen von Potosí (Bolivien) und Zacatecas (Mexiko).
1551 Gründung der Universitäten von Mexiko-Stadt und Lima.
1553 Einrichtung der Jesuitenprovinz Brasilien.
1555/6 Karl V. übergibt seinem Sohn Philipp II. die spanischen Reiche in der Neuen Welt.
1563 Englische Freibeuter beginnen mit ihren Überfällen auf spanische Schiffe.
1566 Spanische Jesuiten nehmen ihre Tätigkeit in Spanisch-Amerika auf.
1568 In Madrid tritt eine «Junta magna» zusammen, um auf Anweisung Philipps II. die wichtigsten Probleme des spanischen Kolonialreiches in Amerika zu beraten. Francisco de Toledo wird Vizekönig von Peru.
1569/71 In Mexiko und Lima werden Inquisitionstribunale eingerichtet.
1573 Philipp II. erlässt weitreichende Gesetze, welche die Bedingungen für weitere Vorstöße in Amerika festlegen.
1574 Der Chronist des Indienrates López de Velasco verfasst die erste flächendeckende Beschreibung Spanisch-Amerikas.
1580 Philipp II. tritt im portugiesischen Königshaus die Nachfolge an; die Personalunion der beiden iberischen Reiche, deren Verwaltung getrennt bleibt, dauert bis 1640.
1585 Philipp II. erlässt weitreichende Bestimmungen über die Arbeitsweise des Indienrates.
1598 König Philipp II. stirbt, ihm folgt sein Sohn Philipp III. (bis 1621).

dem Knaben Philipp unschöne Einstellungen beigebracht zu haben, er weckte in ihm die Intoleranz gegenüber anderen Völkern – und Philipp musste in späterer Zeit über solche Völker herrschen – und ein hohes Maß an Bigotterie.[7]

Philipps Ausbildung in den modernen Fremdsprachen verlief kläglich: Obwohl er später viel mit fremden Menschen zu tun haben musste, lernte er weder Englisch noch Portugiesisch oder Deutsch. Er verstand ein klein wenig Französisch, Italienisch und Portugiesisch; sprechen konnte er diese Sprachen nicht. Da waren ihm seine Vettern, die Erzherzöge in Wien, weit voraus, die beherrschten die Sprachen ihrer Völker durchweg. Philipp bekam zwar in seiner Jugend Sprachunterricht, doch nur in den alten Sprachen: Seit 1541 brachte ihm Cristóbal Calvete de Estrelle Latein und Griechisch bei. Für die Fächer Mathematik und Architektur war

Honorato Juan zuständig, für Geographie und Geschichte Juan Ginés de Sepúlveda. Doch hatte sein Schüler in der Mathematik wenig Erfolge zu verzeichnen: Philipp blieb zeitlebens ein schlechter Rechner, selbst die Grundrechenarten beherrschte er nur unvollkommen, und nach seiner eigenen Überzeugung meisterte er auch später niemals die Probleme der öffentlichen Finanzen.[8]

Philipp genoss auch Unterricht in Musik. Er liebte die Musik über alles. In späteren Jahren ging er niemals auf eine größere Reise, ohne eine Orgel mitzunehmen. Seine Schwester Maria besaß eine Violine und eine Vihuela, eine Art Laute, und wahrscheinlich hat auch Philipp auf ihr zu spielen gelernt.

Bis zum Alter von acht Jahren, bis 1535, wurde Philipp zusammen mit seiner jüngeren Schwester Maria im Haus ihrer Mutter Isabella aufgezogen. Seit März 1535 stand er einem eigenen Haushalt vor. Fünf Jahre später zählte dieser Haushalt nahezu zweihundert Personen: Da gab es außer den Pagen auch noch acht Kapläne, dann Stallknechte, Lakaien, Köche und Küchenmeister und Wäscherinnen.

Bücher liebte Philipp von früher Jugend an. Schon mit dreizehn Jahren durfte er seine Bücher selbst kaufen. Die ersten, die er erwarb, waren Lehrwerke und die Bibel. Sein Lehrer Cristóbal Calvete de Estrella kaufte ihm im Mai 1541 in Salamanca eine größere Anzahl von Büchern antiker und theologischer Autoren. Seit 1543 besaß der junge katholische Fürst sogar einen Koran, bald auch die Werke des Erasmus von Rotterdam in zehn Bänden, darunter das «Lob der Torheit», das er schon früh las. Er erwarb gleich nach seinem Erscheinen – 1543 bei Johann Petrejus in Nürnberg – das große Werk des Nikolaus Kopernikus «De revolutionibus orbium coelestium», das dann später auf den päpstlichen Index der verbotenen Bücher kam. Auch Aesops Fabeln auf Griechisch und Latein finden sich unter seinen Büchern, ferner Albrecht Dürers Werke über Geometrie und Architektur. Später besaß Philipp sogar einige Werke, die auf dem spanischen Index verbotener Bücher standen.

Philipp war ein richtiger Büchernarr. Im Alter von 26 Jahren besaß er weit über 800 Bücher und eine Vielzahl von Manuskripten. Bis 1576 – da war Philipp knapp 50 – war seine Bibliothek auf 5400 Bände angewachsen. Gegen Ende seines Lebens hatte der König eine Privatbibliothek von rund 14 000 Bänden, darunter 1150 in griechischer Sprache, fast 100 hebräische und etwa 500 arabische Codices, es war seinerzeit die größte Bibliothek des Abendlandes in Privatbesitz. Man wird dabei nicht vergessen dürfen, dass der Buchdruck eine ziemlich junge Kunst war und dass Druckwerke gerade auf Wohlhabende einen großen Reiz ausübten. Philipp soll selbst ein Buchmanuskript abgefasst haben, es handelte von der Vielgestaltigkeit der Natur. In späteren Jahren, als er über ein riesiges Reich herrschte, wurde die Geographie sein Steckenpferd.

Philipp las gern und viel, auch Triviales. Zu seinen Lieblingsbüchern zählte der Ritterroman «Amadis von Gallien», der sich seinerzeit größter Beliebtheit erfreute – man sollte jedoch im «Don Quijote» des Miguel de Cervantes nachlesen, was dieser große spanische Dichter davon hielt. Aber Philipp hatte auch ernsthafte intellektuelle Neigungen, sie umfassten – neben der Geographie – Musik und Astronomie, Geschichte und Religion, selbst Kabbalistik und Alchimie. Allerdings scheint Philipp der Alchimie kein allzu großes Augenmerk geschenkt zu haben.[9]

Der junge Philipp wurde nicht nur in intellektuellen Disziplinen unterwiesen, er musste auch standesgemäße Beschäftigungen erlernen wie das Jagen. Sein Lehrmeister Don Juan de Zúñiga schrieb schon bald an seinen kaiserlichen Vater Karl: «Seine einzige wirkliche Freizeitbeschäftigung ist es, mit Pfeil und Bogen auf die Jagd zu gehen.»[10] Philipp ging gern auf die Jagd, sein Leben lang. Gejagt wurden neben Rehen und Hasen auch Wölfe und Bären.

Ein seltsamer Zwischenfall ereignete sich in der Umgebung des jungen Fürsten beim ausgelassenen Spiel: Im Streit mit einem anderen Prinzen kam es einmal vor, dass ein junger portugiesischer Adliger namens Ruy Gómez de Silva, der spätere Fürst von Eboli, versehentlich nach Philipp schlug. Er wurde sofort festgenommen und riskierte, für diese Tat mit dem Tod bestraft zu werden, weil er gegen ein Mitglied der königlichen Familie die Hand erhoben hatte. Aber auf Philipps Bitte hin wurde der junge Portugiese wieder freigelassen und ihm verziehen. Von da an bestand eine Freundschaft zwischen ihm und Philipp.

Als Knabe war Philipp keineswegs von sehr kräftiger Konstitution; daher hatte sein Vater einen eigenen Hofmeister für ihn er-

Isabella von Portugal, die Mutter Philipps. Gemälde von Tizian, 1548

nannt, Don Juan de Zúñiga, dessen Pflicht es war, sich um die körperliche Ertüchtigung des Prinzen zu kümmern.

Um die Gesundheit des Prinzen war es nicht zum Besten bestellt, sie bereitete seinen Eltern viel Sorgen: Er war bleich und ziemlich dünn, und mit seinen blauen Augen machte er auf seine spanische Umgebung einen kränklichen Eindruck. Sein schmales Kindergesicht wurde überdies durch die Habsburger «Unterlippe» entstellt, wobei diese Entstellung keineswegs nur die Unterlippe betraf, sie war eine Eigentümlichkeit des Unterkiefers – sein Vater hatte, wie viele seiner Habsburger Verwandten, darunter sehr zu leiden.

Allerdings war Philipp bis zum Sommer 1535, da war er gerade acht Jahre alt geworden, kein einziges Mal ernsthaft krank; doch in diesem Sommer musste er den Unterricht eine Zeit lang versäumen, er litt an einer Salmonellenvergiftung, die ihn fast das Leben gekostet hätte. Mit dem Essen hat er sich als Erwachsener –

Kaiser Karl V.
in Mühlberg.
Gemälde von
Tizian, undatiert

anders als sein Vater – stets zurückgehalten, das mag sein Leben verlängert haben. Trotzdem hatte er mehrmals an Typhus- und Paratyphusinfektionen zu leiden und wahrscheinlich auch eine Vielzahl von Parasiten im Gedärm, was unter den hygienischen Bedingungen dieser Zeit nicht ungewöhnlich war. Die Sauberkeit ließ auch in königlichen Küchen zu wünschen übrig.

Im Alter von zwölf Jahren, noch bevor er in das Erwachsenenalter eintrat, war Philipp bereits zum Halbwaisen geworden, was in diesem Zeitalter der niedrigen Lebenserwartung keineswegs ungewöhnlich war: Am 20. April 1539, wenige Wochen vor seinem zwölften Geburtstag, starb seine Mutter Isabella nach einer Frühgeburt.

Das Neugeborene wurde noch rasch auf den Namen Ferdinand notgetauft und verstarb sodann. Isabella hinterließ bei ihrem Tod drei Kinder: Philipp und seine beiden Schwestern Maria und Johanna (Juana).[11]

Die erste Ehe

Kaum war Philipp der Kindheit entwachsen, wurde er schon verheiratet. Seine erste Gemahlin entstammte, wie auch seine Mutter, dem portugiesischen Königshaus. Die Vorgespräche für diese Ehe begannen im Sommer 1541, als Karl mit dem portugiesischen Königspaar aus diesem Grund in Verbindung trat. Im folgenden Frühjahr einigte man sich darauf, Philipp mit der portugiesischen Prinzessin Maria Manuela zu verheiraten. Das spätere Fürstenpaar zählte seinerzeit gerade fünfzehn Jahre. Der portugiesische König willigte ein, dass seine Tochter die beträchtliche Summe von 800 000 Goldflorin als Mitgift erhalten würde, davon 40 000 in Gestalt von Schmuck. Zugleich beschlossen die Eltern, dass Philipps jüngste Schwester Johanna (Juana) sich mit dem portugiesischen Königssohn Dom João vermählen sollte.

Die Doppelhochzeit fand im folgenden Herbst statt. Die alte spanische Grenzstadt Badajoz in der Estremadura, an der Grenze zu Portugal gelegen, bildete auch dieses Mal den feierlichen Rahmen für die Übergabe portugiesischer Prinzessinnen. Der Herzog von Medina Sidonia, Juan Alonso de Guzmán, bekam den Auftrag, die Prinzessin hier in Empfang zu nehmen und sie nach Salamanca zu ihrem Bräutigam zu führen.

Am Morgen des 5. Oktober 1543 verlässt ein prächtiger Zug die Mauern von Sevilla, mit 150 Pagen, Lakaien, Höflingen, Musikanten, Wachen und anderen; knapp drei Wochen später, am 23. Oktober, morgens um 9 Uhr, setzen sie über den Guadiana und betreten das jenseitige, portugiesische Flussufer, von etlichen Wachhabenden begleitet. Der Herzog von Bragança hat zusammen mit dem Erzbischof von Lissabon die zukünftige Infantin hierher gebracht, und sie übergeben die Braut nun in die Obhut des spanischen Herzogs. Die Hochzeit findet in Salamanca statt, sie dauert eine Woche und wird mit öffentlichen Festen, Turnieren, Umzügen und Feuerwerken begangen. Prinz Philipp versucht, dem Zeremoniell zu entkommen und befleißigt sich in dieser Zeit des Besuchs von Vorlesungen an der Universität; er soll in diesen Tagen kaum aus den Hörsälen herauszubringen gewesen sein.[12]

Eine königliche Vermählung war ein Staatsakt, eine hoch wichtige Angelegenheit. Der Vollzug der Ehe – als rechtlicher Teil der Vermählung – musste beglaubigt werden, er musste daher in der Anwesenheit von Zeugen begangen werden. Die Vermutung sprach für die Reinheit der Braut, daher galt die Ehe erst dann als vollzogen, wenn ein Laken, mit Blut befleckt, einer Gruppe von Würdenträgern vorgewiesen wurde – so verlangte es die Tradition. Dazu ließ man dem jungen Paar in dieser Nacht bis morgens um 2 Uhr 30 Zeit. Mit dem Vorweisen des Lakens war die Ehe vollzogen und somit rechtskräftig.[13]

Die Empfängnisfähigkeit junger Frauen ist außerordentlich hoch, doch bei dem jungen Paar stellt sich die erste Schwangerschaft erst ein Jahr später ein, im Herbst 1544. Am 8. Juli 1545 wird das erste Kind geboren, Don Carlos. Warum so spät? Nicht schon sehr viel früher, bei Beginn der Pubertät, sondern erst jetzt, anlässlich seiner Vermählung, scheint Karl in aller Deutlichkeit mit seinem Sohn über Sexualität gesprochen zu haben. Ob Philipp damals bereits erste Erfahrungen mit dem anderen Geschlecht gesammelt hatte, sei dahingestellt, es ist eigentlich nicht anzunehmen; er war keineswegs ein frühreifer Don Juan, als den man ihn gelegentlich bezeichnet hat. Sein Vater Karl ermahnte ihn also, in der Ehe dem Geschlechtstrieb nicht freien Lauf zu lassen, weil «abgesehen von der Tatsache, dass er [d. h. der Geschlechtstrieb] sowohl dem körperlichen Wachstum und der Körperkraft schädlich sein kann, führt er oft solche Schwäche herbei, dass er das Zeugen von Kindern verhindert und einen sogar töten kann»[14]. Dies sollte der junge Ehemann beherzigen. Karl hat seinen Sohn also ermahnt, sich sexuell zurückzuhalten, das ist das Eine. Aber Philipp unterhielt auch eine außereheliche Beziehung. Seine erste Mätresse war Isabel Osorio. Auch dies könnte eine Erklärung für die späte Schwangerschaft seiner jungen königlichen Gemahlin sein.[15]

Nun ist das erste Kind unterwegs, der Tag der Geburt steht bevor. Die Lage des Kindes ist nicht normal, das erschwert die Entbindung. Die Medizin als Wissenschaft und die Geburtshilfe dazu sind noch immer in kläglichem Zustand, und um die Sauberkeit rund um das Wochenbett ist es gleichfalls schlecht bestellt. Die Wöchnerin zieht sich eine Infektion zu, am zweiten Tag nach der Niederkunft beginnen Fieberschübe und Blutungen, sie sondert Eiter ab. Das ist das Kindbettfieber. Man bekämpft es mit den her-

Philipps erste Gemahlin, Maria von Portugal, mit ihrem Sohn Don Carlos. Skulpturen von Pompeo Leoni im Escorial

kömmlichen Mitteln, mit Aderlässen. Bald begleiten Priester den Arzt ans Krankenbett und reichen der Todgeweihten die Letzte Ölung. Am 12. Juli, vier Tage nach der Geburt ihres Sohnes, haucht Maria Manuela ihr junges Leben aus. Im Alter von achtzehn Jahren ist Philipp erstmals Witwer. Er zieht sich daraufhin für einige Zeit ins Franziskanerkloster Aguilera bei Valladolid zurück. Philipp hat um seine erste Frau aufrichtig getrauert. Seine Gemahlin wird in der Dominikanerkirche San Pablo in Valladolid beigesetzt, in der selben Kirche, in der Philipp getauft wurde. Dort ruht sie bis zum Jahr 1549, als Karl ihre Überführung in die Gruft der königlichen Kapelle von Granada anordnet.[16] Philipps Sohn aber, der den Namen seines Großvaters Karl erhält, ist körperlich und geistig behindert.

Reisen und frühe Herrschertätigkeit

Philipp erhielt eine solide, wiewohl eher kurze Ausbildung zum Herrscher. Das war in diesen Tagen nicht ungewöhnlich, Fürsten traten ihre verantwortungsvolle Tätigkeit in der Regel sehr früh an. Den Titel eines Herzogs von Mailand bekam Philipp von seinem Vater schon 1541 übertragen, als er gerade vierzehn Jahre zählte; er hatte kurz zuvor erst, zu Pfingsten des selben Jahres, die Erstkommunion erhalten.[17] Die tatsächliche Regierung über dieses Herzogtum behielt sich Karl vorläufig allerdings selbst vor, Karl hatte Mailand, das zwischen ihm und König Franz I. von Frankreich heftig umstritten war, erst im Jahr 1522 für Spanien erobert. Über Mailand beanspruchte vorläufig auch noch Papst Paul III. die Souveränität. 1545 war Karl bereit, das Herzogtum dem Sohn des Papstes, Pier Luigi Farnese, abzutreten; doch wurde der Farnesespross bald darauf ermordet. Sodann trat erst einmal Ferrante Gonzaga als kaiserlicher Gouverneur die Herrschaft über Mailand an. Tatsächlich in seine vollen Rechte eingesetzt wurde Philipp erst kurz vor seiner zweiten Heirat, 1554. Damals vermachte ihm sein Vater zugleich das Königreich Neapel, um den Sohn in seinem Rang zu erhöhen, ihn ebenbürtig zu machen mit seiner königlichen Gemahlin Maria I. Tudor. Die Regentschaft über Spanien hingegen übertrug ihm Karl schon im Jahr 1543, als er wieder einmal für längere Zeit das Land verlassen musste.

Sehr früh musste Philipp sich als junger Staatsmann auf seine ersten Reisen machen. Sie bildeten einen Teil seiner Ausbildung zum Herrscher, während sein Vater noch selbst die Zügel in der Hand behielt. 1548 verlangte Karl, dass Philipp ihn auf seiner Reise in die Niederlande begleitete, damit er dort seine künftigen Untertanen kennen lernte. Am 2. Oktober 1548 verlässt er Valladolid in Begleitung einer großen Anzahl von Mitgliedern des spanischen Hochadels: Fernando Álvarez de Toledo, Herzog von Alba, und Don Gutierre López de Padilla, der Majordomus des Palastes, der Großstallmeister Antonio de Toledo und viele andere begleiten ihn. In Barcelona besteigt Philipp das Schiff, fährt zunächst entlang der Küste nach Genua und reist von dort auf dem Landweg weiter nach Mailand, in die Hauptstadt der Lombardei. Am 20. Dezember zieht er in einem großen Triumphzug in dieser Stadt ein. Viele italienische Fürsten sind gekommen, ihm zu huldigen. Die Stadt Mailand übergibt ihm 20000 Ecu als Geschenk und weitere 10000 Ecu für seine Reisekosten. Philipp verbringt die Weihnachtstage und das Neujahrsfest in Mailand, dann zieht er weiter, nordwärts, nach Trient. Das große Reformkonzil, das hier 1545 zusammentrat, um die römische Kirche zu erneuern, ist nun nicht mehr hier aufzufinden, es hat sich im März 1547 vertagt, nachdem eine schwere Fleckfieberepidemie ausgebrochen ist und einige Kardinäle in den Tod gerissen hat, wird sich später in Bologna versammeln. Über den

Brenner geht es weiter in die alte Habsburgerresidenz Innsbruck. Dort nächtigt Philipp im alten Palast seiner Familie, in dem noch immer viele seiner Vettern leben, die Kinder von König Ferdinand und seiner Frau Anna. Der Herzog von Bayern, Albert, sein Oheim, empfängt ihn hier, zusammen mit einem weiteren Onkel, Ernst, dem Erzbischof von Salzburg. Von Innsbruck reist Philipp nordwärts weiter, besucht unterwegs die Benediktiner-Abtei Ebersberg, dann geht es nach München, wo er vom Herzog Wilhelm von Wittelsbach und seiner Gemahlin Jacoba von Baden herzlich aufgenommen wird. Sie machen den jungen Fürsten mit den Damen ihres Hofes bekannt, und Philipp überreicht ihnen wertvolle Geschenke. Dann reist er weiter nach Augsburg, dort logiert er drei Tage im Haus des Anton Fugger, Freund und Bankier seines Vaters. Er erhält dort ein großzügiges Geschenk in Gestalt von vergoldeten Vasen. Westlich von Augsburg überschreitet die Reisegruppe bei Ulm die Donau. Am 1. März 1549 gelangt Philipp in Begleitung von Berittenen, die seinetwegen eigens aus dem Herzogtum Württemberg herbeigeeilt kommen, nach Heidelberg, die Hauptstadt der Kurpfalz, wo ihn der Pfalzgraf Friedrich freundlich empfängt. Dessen Frau, Dorothea, ist die Tochter von Karls Schwester Isabella und somit seine Cousine. Allenthalben muss sich der junge Fürst der Übersetzer bedienen, denn eine andere Sprache als das Spanische spricht er nicht.[18]

Bei Speyer gewahren sie erstmals den Rhein. Mit Hilfe einiger kleiner Schiffe setzen sie über auf das linke Flussufer. Weiter geht es nach Saarbrücken und Luxemburg, dann nach Namur, wo Philipp von Emmanuel Philibert, dem Sohn des Herzogs von Savoyen, und von Adolf von Holstein, dem Bruder des dänischen Königs Christian II., begrüßt wird. Am 1. April 1549 trifft Philipp in Brüssel ein, der Hauptstadt der spanischen Niederlande, wo ihn sein Vater willkommen heißt. Hier wird er nun zum Herzog von Limburg und Brabant ausgerufen, in Luxemburg zu dessen Herzog, in Roermont zum Herzog von Geldern und in Gent zum Grafen von Flandern, in Mons zum Comte de Hainaut, in Namur zu dessen Grafen. In Brüssel huldigen ihm die Stände der spanischen Niederlande. Die lebenslustigen und trinkfesten Niederländer waren nicht gerade entzückt von diesem blassen Prinzen: Das Trinken bekommt ihm nicht, einmal musste er nach einem Turnier be-

In den vielen Monaten in Augsburg entstand dieses Bildnis Philipps II. von Tizian

wusstlos nach Hause getragen werden, derweil die Niederländer unwillig bemerken, dass «er sich in kirchlichen Aufzügen nicht genug tun konnte»[19].

Zwei Monate hält sich Philipp in Brüssel auf. Am 31. Mai 1549 verlässt er, zusammen mit Karl, zu Pferde die Stadt, ostwärts, gen Aachen und Köln, wo sie ein Schiff besteigen, das sie rheinaufwärts nach Speyer bringt. Danach nehmen sie den Weg nach Donauwörth und Augsburg, das um diese Zeit «als die schönste Stadt

Deutschlands gilt» (Michel de Montaigne)[20]. Der Kaiser steigt bei seinem alten Freund Anton Fugger ab, bei Anton dem Reichen. Der Reichstag ist bereits versammelt, die Kurfürsten und der größte Teil der Stände. Karls Bruder Ferdinand, der römische König, hat seinen Sohn Maximilian bereits von der bevorstehenden Thronfolge in Kenntnis gesetzt: Es ist nämlich davon die Rede, dass Kaiser Karl V. bald abdanken wird und die Kaiserwürde abwechselnd von Philipp und von Ferdinand wahrgenommen werden soll, ferner auch davon, dass der junge Witwer Philipp mit einer Tochter seines Onkels Ferdinand verheiratet werden soll. Doch dazu wird es nicht kommen.

Philipp und sein Vater Karl V. verbringen viele, viele Monate in Augsburg, Gelage und Verhandlungen wechseln sich ab. Am 26. Juli wird der Reichstag eröffnet, erst im folgenden Februar wird der Abschied verlesen, der Reichstag beendet. Wie Philipp diese lange Zeit in Augsburg verbracht hat, darüber ist kaum etwas bekannt.[21]

Der Rückweg führt sie wieder über Innsbruck und den Brenner nach Trient, weiter nach Mailand und Genua, wo er mit seinem Vetter Maximilian ein Schiff besteigt, das sie westwärts über das Mittelmeer bringt. Am 12. Juli treffen die beiden in Barcelona ein, von dort geht es auf dem Landweg weiter nach Valladolid.

Die Abdankung Kaiser Karls V.

Kaiser Karl V. ist des Regierens müde geworden. Seit langem hat der Herrscher mit sich gerungen, ob er sein politisches Erbe nicht zu Lebzeiten abgeben solle. Mehrmals in diesen Jahren verfasste er Testamente, in denen er darauf einging. Karl hat seinem Sohne Philipp schon sehr früh die Regentschaft über Spanien anvertraut. Bald ging Karl noch viel weiter: Er dankte ab und übertrug den Erben, seinem Sohn Philipp und seinem Bruder Ferdinand, sein großes Reich. Mit den Verhandlungen und Kompromissen – auf dem Reichstag zu Augsburg 1548 – war er keineswegs einverstanden gewesen, sie hatten dem Protestantismus zu weit gehende Zugeständnisse gemacht. Am 30. Juni 1553 ließ Karl dem Generalprior des Hieronymitenklosters San Jeronimo de Yuste in der Estremadura Geld geben und darum bitten, dass man ihm neben dem Kloster eine kleine Villa errichte, wo er seine Tage verbringen kann.

Die tatsächliche Übertragung der Amtsgewalten erfolgte dann am Ende des Jahres 1555 und zu Beginn des Jahres 1556 in Brüssel. Seinem Sohn Philipp vermachte er neben Spanien und dessen Besitzungen in der Neuen Welt und in Nordafrika die Niederlande und die Freigrafschaft Burgund, die beide noch immer zum Heiligen Römischen Reich gehörten, dann das Herzogtum Mailand, das Königreich Neapel mit Korsika, Sizilien und Sardinien sowie die Herrschaft über Siena. Somit erhielt Philipp den Löwenanteil von Karls Erbe. Für ihn war damit – vor allem angesichts der Schwäche der alten Konkurrenzmacht Frankreich – die Vorherrschaft im Abendland gesichert.

Das große Zeremoniell der Abdankung sollte im Schloss in Brüssel geschehen. Dort versammelten sich am 25. Oktober 1555 die bedeutendsten Herren der Niederlande, und Karl übertrug die Herrschaft über die Niederlande auf seinen Sohn; die Abtretung des spanischen Reiches – mit Kastilien, Aragón, Sizilien und den vielen abhängigen Gebieten – samt den kastilischen Vizekönigreichen in der Neuen Welt, gleichfalls an Philipp, erfolgte erst am 16. Januar des folgenden Jahres. In einer bewegenden Rede nahm Karl Abschied: Vor vierzig Jahren, und beinahe zur gleichen Stunde, beginnt er, habe sein Großvater, Kaiser Maximilian, in dem gleichen Saale ihn emporgehoben. Im folgenden Jahr habe ihn der Tod seines Vaters, König Philipps I., nach Spanien gerufen, im Alter von neunzehn Jahren sei ihm dann die kaiserliche Bürde auf die Schultern geladen worden. Unermüdlich habe er das Reich durchquert, von einem Ende zum andern, und dies einzig und allein zu dem Behufe, alle zu befriedigen und stets dort zu sein, wo Friede und Wohl seiner Untertanen dies verlangten. Neunmal sei er nach Deutschland gezogen, sechsmal nach Spanien, zehnmal in die Niederlande, viermal nach Frankreich, zweimal nach England und Nordafrika.[22]

Der Rücktritt vom Kaisertum erfolgt am 12. September 1556, Karl deutete gesundheitliche Gründe dafür an. Das kaiserliche Amt überträgt er seinem Bruder Ferdinand I. Danach reist der alte Kaiser ab. Er überquert die hohen Berge im Herzen Spaniens, die

Sierra Guadarrama, dabei sagt er, dies sei wohl der letzte Pass, den er in diesem Leben überqueren müsse – bis er dann den allerletzten vor sich habe.

Der kleine Palast von Yuste ist noch nicht vollendet, als er dort im Dezember 1556 eintrifft; er verbringt eine Zeit lang unweit davon in Jarandilla. Ein natürlicher Sohn des Kaisers ist mit ihm gegangen, der kleine Jerónimo, 1547 in Regensburg von einer Einheimischen namens Barbara Blomberg geboren. Der Knabe weiß vorläufig nicht, wer sein Vater ist; und auch sein Halbbruder Philipp wird spät in dieses Geheimnis eingeweiht. Der Knabe wächst unweit vom Kloster Yuste unter der Aufsicht eines Höflings auf, in dem kleinen Dorf Cuacos am Südhang der Sierra de Gredos, an der Straße von Plasencia nach Madrid.[23] Später wird er unter dem Namen Don Juan d'Austria – oder Johann von Österreich – seinem Halbbruder Philipp wertvolle militärische Dienste leisten.

Gut anderthalb Jahre bleiben Karl noch zu leben. Am 21. September 1558 schließt er in Yuste für immer die Augen. Als seine Grabesstätte hat er sich die Capilla Real der Katholischen Könige zu Granada gewählt.

In Cuacos, unweit vom Kloster San Yuste, wuchs Karls natürlicher Sohn Jerónimo auf, der später als Juan d'Austria berühmt wurde.

Diese Tafel in der Außenmauer des Klosters von San Yuste erinnert daran, dass Karl V. auf einem seiner letzten Spaziergänge an dieser Stelle einen Schwächeanfall erlitt.

König Philipp von England

Lange bevor Karl seinem Sohn die Herrschaft über die spanischen Lande abtrat, war Philipp im Alter von achtzehn Jahren Witwer geworden. Für einen Thronerben war dies ein unhaltbarer Zustand. Philipp musste eine neue Ehe eingehen. Seine zweite Ehefrau wurde die englische Königin Maria I. Tudor. Maria war eine Cousine seines Vaters, die Tochter von Karls Tante Katharina von Aragón und Heinrich VIII., und Karl hatte nach dem Tod von Isabella zeitweise selbst daran gedacht, um ihre Hand anzuhalten.

Marias ummittelbarer Vorgänger auf dem englischen Thron, ihr Halbbruder König Eduard VI., starb am 6. Juli 1553 im Alter von fünfzehn Jahren. Er hinterließ seiner Schwester nun die englische Krone. Maria Tudor war die älteste überlebende Tochter aus der ersten Ehe König Heinrichs VIII. Da Heinrich diese Ehe später für nichtig erklären ließ, wurde Maria für illegitim erklärt, sodass ihr Thronanspruch anfangs keineswegs unumstritten war, zumal sie eine überzeugte Katholikin war und England unter Heinrich

VIII. sich von Rom abgewandt hatte. In der englischen Geschichtsschreibung wird sie zumeist als «Maria die Katholische» oder als «Maria die Blutige» bezeichnet – diese Namen haben mit ihren Anstrengungen um die Rekatholisierung Englands zu tun. Sie hat sie sich mit einem gewissen Recht erworben: Maria galt als kompromisslos katholisch, und sie versuchte, mit gewaltsamen Mitteln, ihr Land zur Papstkirche zurückzuführen, nachdem ihr Vater, Heinrich VIII., die Pfade des römischen Glaubens verlassen und die englischen Klöster säkularisiert hatte. Maria war nach ihrem Thronantritt sogleich bemüht, das von Papst Paul III. 1538 über ihr Reich verhängte Interdikt wieder aufzuheben und England in die alte Kirche zurückzuführen. Schon im Oktober 1553 ließ sie im Parlament ein Gesetz durchbringen, welches die von ihrem Vater durchgesetzte Priesterehe aufhob, und in den folgenden Jahren unternahm sie – inzwischen mit Philipp von Spanien vermählt – vieles, was ihr den Namen «Bloody Mary» eintrug. Später haben die Briten allerdings auch oftmals Philipp für ihre blutigen Exzesse verantwortlich gemacht.[24]

Maria brachte die lateinische Messe auf die Insel zurück, desgleichen die Sakramente und den Heiligenkult, eben alles, was zum Katholizismus gehört. Sie rief auch Kardinal Reginald Pole nach England zurück, der das Königreich unter den Drohungen ihres Vaters verlassen hatte. Maria war durchaus selbst die treibende Kraft hinter dieser Rekatholisierung, das darf man nicht verkennen. Verheiratete Priester wie den Erzbischof Thomas Cranmer, der zweimal eine Ehe eingegangen war, konnte sie nicht ausstehen. Maria verfuhr ziemlich radikal: Im Rahmen ihrer Ketzerverfolgungen ließ sie Menschen verbrennen – an die dreihundert sollen es gewesen sein –, sie ließ Tote ausgraben und die Leichen gleichfalls auf den Scheiterhaufen werfen. Den Anglikanern in England gefiel ihre Politik nicht. Viele von ihnen flüchteten, während sie auf dem Königsthron saß; sie wanderten ab in deutsche Städte wie Emden, Frankfurt am Main oder gingen an den Niederrhein, nach Wesel oder Kleve, nach Gennep an der Maas oder Duisburg.[25]

Maria war inzwischen 37 Jahre alt, eine alte Jungfer, die eine eher freudlose Kindheit hinter sich und häufig Grund gehabt hatte, um ihr Leben zu bangen. Sie war gewiss keine Schönheit, sie

Philipp II. von Spanien mit seiner zweiten Gemahlin, Maria I. Tudor. Gemälde eines Unbekannten, 1557

war es niemals gewesen. Jetzt war sie eine ältliche, abgemagerte Frau, klein, mit welken Zügen und Kummerfalten, und ihre hellgrauen Augen blickten misstrauisch in die Zukunft.

Kaum war Maria 1556 Königin von England geworden, da hielt Kaiser Karl V. für seinen Sohn Philipp um ihre Hand an. Die beiden künftigen Ehepartner kannten sich nicht persönlich, sie hatten sich noch nie gesehen, und das wurde auch gar nicht für notwendig erachtet. Allerdings gab es Bildnisse der beiden, beispielsweise ein Konterfei von Philipp, gemalt vom großen Tizian 1551 in Augsburg. Dieses Bildnis des spanischen Fürsten ging nun nach London; es hängt heute in Madrid. Auf diesem ist Philipp in glänzender Rüstung zu sehen, mit rötlichem Bart und dunkel wirkenden Augen. Seine Rechte stützt sich auf den Helm, der auf einem Tisch ruht, mit der Linken hält er die Scheide seines Schwerts. Unter seinem rötlich glänzenden dichten Haar ist seine hohe Stirn gut zu sehen, darunter stark gekrümmte Brauen, die sich oberhalb der Nasenwurzeln beinahe berühren. Philipp wirkte in seiner Rüstung ein bisschen steif und gezwungen.

Der Ehevertrag zwischen Philipp und Maria wird am 5. Januar 1554 unterzeichnet. Tags darauf geleitet Graf Egmont als Philipps Stellvertreter die Königin «per procurationem» in der Kathedrale von Winchester zum Traualtar und legt sich danach, wie es das Recht verlangt, in voller Rüstung neben sie ins königliche Ehebett.[26] Der Kontrakt zwischen den königlichen Vertragspartnern bestimmt, dass Philipp während der Dauer der Ehe den Titel eines Königs von England führen soll; regierungsbefugt ist indessen nur seine Gemahlin. Auch darf sie die Ämter und Benefizien des Königreichs nicht an Spanier oder andere Ausländer verleihen. Philipp muss sich verpflichten, die englischen Gesetze zu achten und jedermann im Genuss seiner althergebrachten Rechte zu belassen; er darf keinerlei Güter oder Wertsachen aus englischem Besitz veräußern. Er ist verpflichtet, die englische Land- und Seemacht zu fördern. Falls die Ehe kinderlos bleibt, heißt es weiter in dem Vertrag, würde Philipp keine weiteren Anrechte auf England besitzen; wenn aber die Ehe mit Kindern gesegnet sei, sollte ihnen die Herrschaft über die Freigrafschaft Burgund ebenso zustehen wie über die Niederlande und England.[27]

Andere Fragen stellten sich erst später ein: Es kamen zum Beispiel rechtliche Zweifel auf, ob Königin Marias spanischer Prinzgemahl, wenn sie dies verlangte, zum König von England gekrönt werden könnte. Konnte die Königin dies verfügen, ohne vorher die Zustimmung des Parlaments einzuholen? Und was war, wenn sie vielleicht im Kindbett verstarb, wie dies in dieser Zeit so häufig geschah? Das Parlament widersetzte sich der Krönung Philipps; die Engländer trauten ihm nicht. Er war ein Fremder und ein Katholik. Philipp scheint sich in England nicht sehr wohl gefühlt zu haben, und von Anfang an hegt er den lebhaften Wunsch, wieder auf das Festland zurückzukehren.[28]

Die eigentliche Vermählung und der Vollzug der Ehe fanden dann erst etwas später statt, im Sommer 1554. Eine kleine spanische Flotte mit Philipp und zweihundert englischen Kavalieren an Bord ging am 20. Juli 1554 bei strömendem Regen in Southampton Water vor Anker. Drei Tage später traf Philipp in Winchester erstmals mit Maria zusammen. Am 25. Juli, dem Tag des hl. Jakobus, des spanischen Schutzheiligen, traute Bischof Stephen Gardiner in der Kathedrale von Winchester Philipp von Spanien, der zuvor noch rasch den Titel eines Königs von Neapel und Jerusalem erhalten hatte, mit Maria, der Königin von England. Als das Königspaar am 18. August endlich über die London Bridge in seine Hauptstadt einzog, wurde seinetwegen das große traditionelle Willkommensfest veranstaltet, mit Feuerwerk, Kanonenschüssen und festlichen Umzügen.[29]

Die Engländer beäugten den jungen Fürsten neugierig. John Elder, vermutlich ein Höfling, hat ihn folgendermaßen beschrieben: «Das Gesicht ist wohlgeformt, die Stirn breit, die Augen grau, die Nase gerade und die Haltung männlich. Von der Stirne bis zum Kinn verjüngt sich das Gesicht zusehends und wird auffallend schmal. Schritt und Gang sind straff und aufrecht [...]. Haupt- und Barthaare sind hellblond. Im Ganzen betrachtet ist der Mann an Körper, Armen, Beinen und sonstigen Gliedmaßen so gleichmäßig wohl gebildet, dass die Natur schwerlich ein vollendeteres Beispiel der Schöpfung hätte zuwege bringen können. Man sagt, er sei 28 Jahre alt. Meinem Dafürhalten nach muss er einen herzhaften Sinn, einen durchdringenden Verstand und ein äußerst umgängliches Wesen haben.»[30]

Philipp konnte nicht Englisch, Maria verstand nur wenig Spanisch – wie verständigten sich die beiden? Das war nicht immer ganz leicht, im Alltagsgespräch scheint es bei einfachen Unterhaltungen und Themen geblieben zu sein. Philipp bediente sich dabei seiner Muttersprache, von der Maria ein klein wenig verstehen konnte, das hatte sie von ihrer Mutter gelernt; und sie radebrechte auf Französisch, wovon wiederum er ein wenig verstand. Wenn ihnen einmal in der Unterhaltung ein einzelnes Wort fehlte, versuchten sie es mit Latein. Darüber hinaus scheint das Verhältnis zwischen diesen beiden einander bislang völlig fremden Menschen aber keineswegs übel gewesen zu sein: Ein portugiesischer

Augenzeuge aus dem Gefolge Philipps, Ruy Gómez de Silva, der durchaus ironisch und sogar bissig sein konnte, schreibt vier Wochen nach der Trauung, ihr Verhältnis sei außerordentlich herzlich, weil Philipp offenbar über den Mangel an körperlichen Reizen bei seiner nicht mehr ganz jungen Gemahlin hinwegsehen könne; er mache auf ihn einen zufriedenen, ja glücklichen Eindruck.[31]

Königliche Verbindungen waren mehr noch als bürgerliche auf Fortpflanzung angelegt. Bald kamen also Gerüchte auf, die Königin trage neues Leben unter ihrem Herzen. Dieses Gerücht war seit Oktober 1554 in Umlauf. Was sich im Schoß der Königin abspielte, war keineswegs eine Privatangelegenheit, es war eine Art Staatsaffäre. Der kaiserliche Gesandte in England, Simon Renard, berichtete bald darauf auch Karl V. von dem Gerücht, und Ende November setzte der Kronrat das englische Parlament von dieser Schwangerschaft offiziell in Kenntnis. Es erging eine Einladung an den Bischof von London, diesen Anlass zu feiern: Nun wurde für die Königin ein eigenes Gebet verfasst und in Tausenden von Exemplaren unters Volk gebracht, damit Priester und Gläubige für Mutter und Kind den göttlichen Schutz erflehen konnten.[32]

Im Juni 1555 bestand die Schwangerschaft seit rund neun Monaten, und es zeichnete sich kein Ende ab. Es musste irgendwann ein Zeitpunkt kommen, wo Zweifel an dem Befund laut werden mussten. Ruy Gómez de Silva schrieb in diesem Monat: «Obgleich sie einen Bauch hat wie Gutierre López, zweifle ich noch immer daran, dass sie schwanger ist.»[33] Der Leib der Königin war unförmig aufgequollen, und da sie jungvermählt war, lag der Befund scheinbar auf der Hand.

Um diese Zeit war endgültig klar, dass es sich nicht um eine Schwangerschaft handelte, dass etwas anderes Ursache ihres unförmigen Leibes sein musste. Philipp selbst, der erfahrene Ehemann und Vater, soll übrigens keineswegs überzeugt gewesen sein, dass Maria tatsächlich neues Leben in sich trug.[34] Als klar war, dass mit einem Thronfolger nicht zu rechnen war, hörten die Gebete und Fürbitten auf, und auch Maria sprach nicht mehr von ihrem Kind.

Ende August 1555 musste Philipp zu allem Unglück auch noch verreisen, seine Pflichten riefen ihn auf den Kontinent, nach

Brüssel. Er versicherte seiner Gemahlin, er werde nicht länger als ein, zwei Monate abwesend sein. Vor dem Schloss von Greenwich entbot er den Ehrendamen seiner Gattin Lebwohl, Maria warf sich ihm ein letztes Mal in die Arme. Von einem Fenster des Schlosses aus blickte sie ihm nach, wie sein Schiff auf die Themse hinausfuhr.

Philipp war rund vier Jahre König von England, davon verbrachte er nur etwas mehr als ein Jahr auf der Insel. Von der Reise nach Brüssel kehrte Philipp bald zurück, um erneut auf Reisen zu gehen und dann wieder und wieder. Im Sommer 1557 rief ihn der Krieg aufs Festland, England stand im Krieg gegen Frankreich. Am 5. Juli 1557 nimmt Philipp erneut Abschied, um auf das Festland zu reisen. Wenige Wochen später, am Tag des hl. Lorenz, am 10. August 1557, findet der Feldzug mit der Einnahme von Saint-Quentin sein Ende. Nach der Eroberung der Stadt begingen Philipps Soldaten – Söldner aus Deutschland, England, Flandern und Spanien – schreckliche Grausamkeiten, sie plünderten, massakrierten Menschen, vergewaltigten Frauen vor ihren Kindern und machten die französischen Soldaten gnadenlos nieder. Die Franzosen bezahlten ihre Niederlage mit einer beträchtlichen Anzahl von Toten und Verletzten, allerdings gewannen sie Calais zurück, das nach dem Ende des Hundertjährigen Krieges in englischer Hand geblieben war. Philipp nahm persönlich am Kampf teil, es war dies sein einziger Feldzug.

Mit der Einnahme von Saint-Quentin und der Schlacht von Gravelines im folgenden Jahr war die Grundlage gelegt für den Frieden von Cateau-Cambrésis im Jahr 1559. Dieser Friedensschluss begründete endgültig die spanische Vormachtstellung in Westeuropa, und er zerstörte die französischen Hoffnungen auf das Herzogtum Savoyen und den Anspruch auf Burgund. Weite Teile Italiens befanden sich unter spanischer Herrschaft. Mit diesem Frieden war der Niedergang Frankreichs – und der Aufstieg Spaniens – gesichert.

Philipp kehrte nach diesem großen Sieg auf die Insel zurück, nach England und zu Königin Maria. Deren Scheinschwangerschaft nahm indes ein schreckliches Ende: Maria hatte einen Tumor im Leib, der sie das Leben kostete: Seit Beginn des Jahres 1558 verschlechterte sich ihr Gesundheitszustand. Die Königin ließ

Die Schlacht bei Saint-Quentin.
Wandgemälde im Escorial, spätes 16. Jahrhundert

sich von Hampton Court nach London schaffen, an den Hof von Saint James. In diesem Spätsommer grassiert eine sehr heftige Grippewelle in ganz Europa, und Maria erkrankt an dieser Grippe. In einem Fiebertraum sieht sie eines Tages viele kleine Kinder, die Engeln gleich vor ihr spielen.[35] Ihr Schwiegervater und Vetter Karl V. stirbt am 21. September 1558 im Kloster von Yuste, und sie erfährt noch von seinem Tod. Wenig später haucht sie ihr Leben aus, am 17. November desselben Jahres – Philipp ist derweil noch immer auf dem Festland unterwegs. Dort erfährt er zunächst vom Tod seines Vaters. Er zieht sich daraufhin für einige Wochen in ein Kloster zurück. Hier dringt einige Wochen später die Kunde vom Tod seiner Gemahlin an sein Ohr.[36]

Als Maria stirbt, ist England im Ausland beträchtlich verschuldet. Als die Kunde von ihrem Tod durch London geht, sind die meisten ihrer anglikanischen Untertanen erleichtert. Heiligenbilder und Kirchen werden zerstört, katholische Kleriker misshandelt. Auf dem Königsthron folgt nun Marias Halbschwester Elisabeth, eine Tochter aus der Verbindung zwischen Heinrich VIII. und Anne Boleyn, eine Angehörige der Anglikanischen Kirche. Philipp unternimmt gleichwohl einen Versuch, mit ihr eine eheliche Verbindung einzugehen; doch sie lehnt ab: Das kanonische Recht, so lässt sie ihm diplomatisch und zugleich belehrend mitteilen, verbiete es, dass sie den Mann ihrer verstorbenen Schwester zum Manne nimmt. Unter Elisabeth kehrt England zum Protestantismus zurück. Philipps Verhältnis zu England wird künftig völlig anders bestimmt sein.[37]

Der Aufstand in den Niederlanden

Kaiser Karl V. hatte bei seiner Abdankung in Brüssel seinem Sohn Philipp auch die Herrschaft über die Niederlande übertragen. Eigentlich waren diese siebzehn Provinzen ein Erbteil der Habsburger Fürsten. Erst wenige Jahre zuvor, 1548, hatte Karl diese Provinzen in der Augsburger Transaktion vereinigt; sie blieben als Teil des Burgundischen Reichskreises auch danach zum Heiligen Römischen Reich gehörig, nahmen allerdings an den Beratungen des Reichstages nicht mehr teil und waren auch den kaiserlichen Gerichten nicht mehr unterstellt. Die Niederlande bildeten, mit anderen Worten, einen Teil des Reiches; aber sie genossen – ähnlich der Schweizer Eidgenossenschaft – ein hohes Maß an Autonomie.[38]

Sie stellten übrigens keineswegs eine politische oder soziale Einheit dar: Die Niederlande bestanden aus zwei Markgrafschaften, vier Herzogtümern, sechs Grafschaften und fünf kleineren

Die Niederlande waren im 16. Jahrhundert dicht besiedelt, jeder Handbreit Boden war landwirtschaftlich genutzt. Blick auf den Polder «Het Grootslag» und die Stadt Enkhuizen. Anonymes Gemälde, um 1610

Herrschaftsgebilden. Diese Provinzen hatten eine Vielzahl von eigenen Gewohnheitsrechten und anderen verbrieften Privilegien, die jeder Provinz sehr viel Selbstbestimmung gewährten. Ihre Bewohner sprachen in verschiedenen Zungen: Namur, Artois, der Hennegau, Tournai und Teile Flanderns wie Brabant bedienten sich des Französischen; in Holland, Seeland und Utrecht benützten die Bewohner niederfränkische Dialekte; in Gelderland, Overijssel und Groningen sprach man Formen des Niederdeutschen. Auch in wirtschaftlicher Hinsicht waren diese siebzehn Provinzen ziemlich unterschiedlich, wenngleich insgesamt eher fortschrittlich: Flandern und Brabant zählten damals neben Italien zu den höchst entwickelten und dichtest besiedelten, zugleich auch wohlhabendsten Wirtschaftsregionen Europas, während andere Provinzen noch immer stärker von traditioneller Landwirtschaft und Fischerei bestimmt waren.[39]

Unter Karl V. fühlten sich diese Provinzen gut regiert; ihr Herr, Karl, war hier geboren und aufgewachsen und redete ihre Sprache. Allerdings kam es gerade während Karls Herrschaft, schon seit 1523, zu schweren Verfolgungen der niederländischen Lutheraner, von denen viele in diesen Jahren den Scheiterhaufen besteigen mussten. Das Blutedikt von 1550 versuchte protestantisches Schrifttum zu unterdrücken.

Wie würde nun sein Sohn Philipp regieren? Dieser war es gewohnt, wie ein absoluter Monarch zu herrschen, dazu hatte er gerade in England, wo Heinrich VIII. die Zügel gegen den Widerstand des Parlaments straffer angezogen hatte, viele Anregungen erhalten. Aber hier in den Niederlanden war man das nicht gewohnt, hier musste der Fürst die alteingesessenen Stände – also Adel, Städte und Prälaten – an den Regierungsgeschäften beteiligen. Die Mehrzahl der Provinzen, dreizehn der siebzehn, hatten seit langem das Recht auf eine eigene Versammlung, welche die Interessen der jeweiligen Provinz erörterte. In der Zentralregierung in Brüssel bestanden drei große Kollegien mit allgemeinen Befugnissen: ein Geheimer Rat, ein Finanzrat und ein Staatsrat. In den Provinzen ließ sich der Herrscher durch einen Statthalter vertreten, Brabant war davon ausgenommen.[40]

In den Niederlanden kam der junge König mit einem großen Problem seines Zeitalters in Berührung: dem Protestantismus. In den Niederlanden regte sich der neue Glaube Europas: Zu Zeiten seines Vaters hatte sich vor allem aus dem nordwestlichen Deutschland der Protestantismus lutherischer Prägung ausgebreitet, später auch das Wiedertäufertum. Seitdem Philipp über die Niederlande herrschte, war eine zweite protestantische Glaubensströmung hinzugekommen, denn nun drangen vom Süden her, aus Frankreich, die Lehren des Genfer Reformators Jean Calvin ein. Philipp wollte auf keinen Fall, dass der Protestantismus – welcher Provenienz auch immer – sich in seinen Erblanden ausbreitete, denn die konfessionelle Spaltung eines Landes rief unweigerlich heftige Spannungen zwischen den verschiedenen Bevölkerungsteilen hervor und schürte somit die Tendenz zu

Jean Calvin, Reformator, * 10. 7. 1509 Noyon, † 27. 5. 1564 Genf. – Nach juristischen Studien wandte Calvin sich der Theologie zu und von der katholischen Kirche ab. Seiner protestantischen Ansichten wegen flüchtete er aus Frankreich und ging nach Basel, wo er sein Buch «Institutio religionis christianae» verfasste. Er zog weiter nach Genf; zeitweise war er von dort verbannt und lebte als Professor der Theologie und Pfarrer in Straßburg. 1541 durch seine Anhänger im Rat erneut nach Genf berufen, schuf er hier einen theokratischen Staat, in dem das Konsistorium in Fragen der Lehre, Zucht und Moral umfassende Vorrechte erhielt und Opposition streng unterdrückte. Die von Calvin 1559 in Genf gegründete theologische Akademie war die erste reformierte Hochschule.

gewalttätigen Auseinandersetzungen, ja zum Bürgerkrieg. Philipp wollte daher dieses Buschfeuer austreten und schreckte dabei auch vor Blutvergießen nicht zurück. Er war allerdings gegenüber den von ihm als «Ketzern» betrachteten Protestanten weitaus großzügiger, als eine spätere protestantische Legende wahrhaben will.[41]

König Philipp setzte kurz nach seinem Regierungsantritt einen eigenen Rat ein, den Rat der Unruhen, der sich schnell den Namen «Blutrat» zuzog. Er begann am 5. September 1556 in Aktion zu treten. Dieser Rat war die nächsten Jahre tätig; von ihm wurden im Lauf der Jahre mehr als 10 000 Fälle verhandelt, davon endeten etwa 1100 mit Todesurteilen und Hinrichtungen, bei 900 Angeklagten wurden die Güter beschlagnahmt.

Als Philipp im Jahr 1559 die Niederlande nach einem Besuch von wenigen Wochen Dauer wieder verließ, setzte er seine Halbschwester Margarete von Parma als Regentin ein. Sie war eine natürliche Tochter seines Vaters und besaß den Vorteil, in den Niederlanden geboren zu sein. «In der politischen Welt sollte sich Margarete später als eine der großen Regentinnen des Jahrhunderts erweisen, voll Urteil und Menschenkenntnis und von fast männlicher Energie», urteilte Karl Brandi.[42] Sie vertrat also fortan ihren Halbbruder Philipp als dessen Generalstatthalterin. Während ihrer Herrschaft bildete sich, ab 1565, in Brüssel ein Bund des niederen Adels zum Kampf gegen die Inquisition; diese Adligen wurden von ihr als «Geusen» («Bettler») bezeichnet. Auch Margarete verfolgte in ihrer Regentschaftsregierung den Weg zum absolutistischen

Margarete von Parma, *28. 12. 1522 Pamele (heute Oudenaarde), † 18. 1. 1587 Ortona (Italien). Margarete war eine natürliche Tochter Kaiser Karls V. und der Niederländerin Johanna van der Gheenst. Sie wurde unter Aufsicht der Erzherzogin Margarete von Österreich am Brüsseler Hof erzogen und in erster Ehe 1536 mit Alessandro von Medici verheiratet. Nach dessen Ermordung heiratete sie den jungen Ottavio Farnese. Ihr Halbbruder, König Philipp II., übertrug ihr 1559 die Generalstatthalterschaft über die Niederlande, die sie als gebürtige Niederländerin gut kannte. In ihre Regierungszeit fallen die Anfänge der Erhebung des einheimischen Adels gegen die spanische Herrschaft. Margaretes Politik war auf Ausgleich bedacht, daher empfand sie später die Entsendung des Herzogs von Alba als demütigend. Sie legte 1583 die Regentschaft, die sie für ihren Sohn Alexander Farnese übernommen hatte, nieder und zog sich nach Italien zurück.

Margarete von Parma, eine natürliche Tochter Karls V. Bildnis von Antonio Moro (Anthonis Mor), um 1562

Staat, wie ihn König Philipp eingeschlagen hatte. Und sie förderte in ihrem Herrschaftsbereich tüchtige Beamte. Der eigentliche Vollstrecker von Philipps Politik unter ihrer Aufsicht war Antoine Perrenot de Granvelle, den Philipp einige Jahre später zum Erzbischof von Mecheln ernannte und somit zum Primas der Niederlande, obwohl er kein gebürtiger Niederländer war, sondern aus Burgund stammte. Granvelle war ein Mann von außerordentlichen Fähigkeiten: hochintelligent, sprachbegabt und ein fähiger Verhandlungsführer in wichtigen Gesprächen – allein, er konnte durch seine Anmaßung andere verletzen.

Außerdem ließ Philipp die Kirchenprovinzen der Niederlande neu ordnen: Die Bulle «Super Universas» vom 12. Mai 1559 schuf drei neue Kirchenprovinzen, mit den Städten Utrecht für den Norden, Mecheln (Malines) für Brabant und Flandern und Cambrai für die von der Französisch sprechenden Bevölkerung im Süden bewohnten Landesteile. Hier, im Süden der Niederlande, der sich ohnehin vom Norden vielfach unterschied, waren seit 1561 die Jesuiten tätig, sie bauten hier ein Zentrum der Gegenreformation auf.

Gerade in diesem Jahr 1561 begann sich der Kalvinismus in den Niederlanden besser zu organisieren: In diesem Jahr wurde die «Confessio belgica» beschlossen, die dann zehn Jahre später auf einer Synode im friesischen Emden angenommen wurde. Als Verfasser dieser «Confessio» galt der bedeutendste kalvinistische Prediger des Landes, Guido de Bray, der 1567 hingerichtet wurde. Seit den 1560er Jahren waren die nördlichen Niederlande mehrheitlich kalvinistisch.

Der Kalvinismus, eine auf den Genfer Reformator Jean Calvin (1509–1564) zurückgehende Form des Protestantismus, breitete sich vor allem in Westeuropa aus. Er hebt die Bedeutung des Alten Testaments und die Prädestination des Menschen hervor, die Unabhängigkeit der Kirche vom Staat und verlangt eine strenge Kirchenzucht. Der Kalvinismus drängte die Hierarchiebildung in der Kirchengemeinde zurück und begünstigte auf diese Weise demokratische Bewegungen.

Die Bevölkerung der Niederlande war mit Philipps Politik nicht einverstanden, und der Hochadel war es schon gar nicht. Dabei war die Opposition gegen die spanische Politik keineswegs ausschließlich religiös bestimmt. Philipp versuchte, die Niederlande stärker an sich zu binden, sie einer einheitlichen Herrschaft zu unterwerfen – und ihnen dafür viel Geld abzunehmen. Dagegen gab es im ganzen Land heftigen Protest, der vor allem auch vom einheimischen Adel getragen wurde. Die politischen Führer der Niederländer – das waren zum größten Teil Adlige wie Graf Egmont oder Wilhelm Prinz von Oranien – fühlten sich von Philipps autokratischem Regierungsstil angewidert; die Religion war für sie eigentlich nur von untergeordneter Bedeutung. Anfangs war keiner der führenden niederländischen Gegner Philipps Protestant, das wurden sie erst im Verlauf des Aufstands: Sie traten zum Protestantismus über, weil das für ihre Stellung von Vorteil war. Im Herbst 1566 versuchten die kalvinistisch gewordenen Kirchen der Niederlande sogar, religiöse Toleranz für sich zu erkaufen. Sie boten der spanischen Regierung, die des Geldes so dringend bedurfte wie wohl jede Regierung, drei Millionen Gulden dafür an. Spanien sagte nein, und es ist anzunehmen, dass diese beträchtliche Summe sodann in die Kriegskasse der niederländischen Aufständischen floss.

Die Opposition in den Niederlanden trug kalvinistische Züge; aber es stand weiterhin sehr viel mehr hinter ihr als nur der protestantische Glaube. Es ging auch um wirtschaftliche Dinge. Große Teile der Niederlande waren wirtschaftlich hoch entwickelt; diese Regionen mussten bereits damals Nahrungsmittel einführen, denn die landwirtschaftliche Produktion reichte nicht aus, um die Bewohner der Städte zu ernähren. Vor allem in Flandern war ein Zentrum der Herstellung von Wolltuchen entstanden. Die Niederlande importierten Nahrungsmittel, etwa ein Fünftel des Gesamtverbrauchs, und diese kamen zum größten Teil aus dem Ostseeraum. Als jedoch zwischen Dänemark und Schweden Krieg ausbrach und es in diesen Jahren zu einer Schließung des Sunds kam, sodass keine Schiffe mehr passieren konnten, hörte der Import von billigem Getreide erst einmal auf. Der strenge Winter von 1564/65 trieb die Preise für landwirtschaftliche Erzeugnisse gewaltig in die Höhe, in den Niederlanden kam es zu Nahrungsknappheit und zu Hunger. Gerade seit 1565 ist daher

Wilhelm I. von Oranien. Bildnis von Antonio Moro, 1555

Wilhelm I. der Schweiger, Graf von Nassau, Prinz von Oranien, *25. 4. 1533 Dillenburg, † 10. 7. 1584 Delft. Wilhelm wurde am Brüsseler Hof katholisch erzogen und trat 1552 in die Dienste Karls V. Philipp II. ernannte ihn zum Statthalter. Nach seiner Vermählung mit Anna, der Tochter des lutherischen Kurfürsten Moritz von Sachsen, stellte er sich an die Spitze der gegen die spanische Herrschaft rebellierenden Stände. 1566 legte er das Statthalteramt nieder und führte die Opposition gegen den Herzog von Alba. Von König Philipp deswegen geächtet, ließ Wilhelm daraufhin die Absetzung des Königs durchsetzen. Wilhelm wurde von einem fanatischen französischen Katholiken ermordet.

Antoine Perrenot, später Kardinal Granvelle. Bildnis von Antonio Moro, 1549

eine Zunahme des städtischen Protestes unübersehbar. Religiöse Unzufriedenheit und blanker Hunger taten sich zusammen. Fiskalpolitisch konnte Philipp keine Konzessionen machen, denn es fehlte ihm selbst an Kapital; und in Sachen Konfessionspolitik wollte er keine machen. Im November 1565 bekräftigte er, in den berühmten Briefen aus den Wäldern von Segovia, seine Forderung nach Verfolgung der Ketzer. Niemand war darüber glücklich, und einige seiner adligen Statthalter, wie Wilhelm von Oranien, der mächtigste von ihnen, betrieb jetzt ganz offen Widerstand gegen den König: Ihm war vor allem Kardinal Granvelle verhasst, daher schloss er sich 1562 dem Widerstand gegen ihn an, ja er wurde zur Seele des Widerstands. 1566 wurde er von Philipp aus seinem hohen Amt als Statthalter von Holland, Seeland, Utrecht und der Freigrafschaft Burgund entlassen – dies markiert zugleich das Ende der unmittelbaren spanischen Herrschaft über die Niederlande.[43]

Im Frühjahr 1566 richteten die Niederländer eine Massenpetition an die Regentin, Margarete von Parma, und baten darum, die Ketzeredikte aufzuheben und die Generalstaaten einzuberufen, um mit ihnen eine einvernehmliche Lösung der Religionsfrage herzustellen. Als Philipp dieses Anliegen abschlug, entfachten die Kalvinisten in den katholischen Kirchen der Niederlande einen Bildersturm und verübten Gewalttätigkeiten. In Antwerpen breitete sich eine antikatholische Schreckensherrschaft aus, sodass Wilhelm von Oranien sich gezwungen sah, die Rädelsführer dieser Bilderstürmer hinrichten zu lassen.

Die internationale Politik tat das Ihre, die Situation in den Niederlanden zu verschärfen oder zu entspannen, je nachdem. Die niederländische Opposition gegen die Spanier studierte die internationale Lage aufmerksam, sie wusste, dass Spanien von der Mittelmeerseite her zugleich von den Osmanen bedroht war, die Türken wurden somit zu den Hoffnungsträgern der niederländischen Protestanten. Als 1566 der große türkische Sultan und Expansionist Suleiman der Prächtige starb, kam es in den entlegenen Provinzen seines weitläufigen Reiches zu Aufständen gegen die Zentralregierung in Konstantinopel – kurzum, die Türken mussten für eine Weile ihren Vormarsch nach Westen unterbrechen. Dies gab nun wiederum den spanischen Zentralisten um Philipp Hoffnung: Anfang Januar 1567 schickte Philipp neue Truppen nach Flandern; selbst kleinere Zugeständnisse an die Protestanten wurden nun wieder zurückgenommen. Im Sommer 1567 entsandte Philipp den Herzog von Alba, der sich durch seine militärische Tüchtigkeit – und seine unbedenkliche Brutalität – einen Namen gemacht hatte. Er war ein fähiger Heerführer, ganz ohne Zweifel; aber er war auch bekannt für seine Verachtung von rechtlichen Vorschriften und seine Gleichgültigkeit gegenüber Menschenleben. Alba verließ Turin im Juni 1567, gut zwei Monate später, am 22. Au-

Fernando Álvarez de Toledo, Herzog von Alba *29. 10. 1507 Piedrahita, † 11. 12. 1592 Lissabon. Alba schlug früh die Laufbahn eines Militärs ein und wurde mit 26 Jahren General, 1538 Oberbefehlshaber der kaiserlichen Heere Karls V., dessen Vertrauen er unumschränkt besaß. Karl V. setzte ihn mehrmals in den Feldzügen gegen Frankreich und die deutschen Lutheraner ein; Alba führte in der Schlacht von Mühlberg 1547 den Sieg herbei. In Italien schlug er wiederholt die päpstliche und die französische Armee. 1567 entsandte Philipp Alba in die Niederlande, wo Alba den Aufruhr mit so brutalen Mitteln niederschlug, dass dieser bald neu entflammte. Philipp berief ihn 1573 ab. 1580 eroberte er in Philipps Auftrag Portugal, auf das Philipp Erbansprüche geltend machte.

Die Verhaftung der Grafen Egmont und Hoorne
durch den Herzog von Alba am 9. September 1567 in Brüssel.
Kupferstich von Franz Hogenberg, 1583

gust, zog er in Brüssel ein. Er brachte italienische und spanische Eliteeinheiten mit, die berüchtigten «tercios», und jedermann wusste, welche Art von Lösung er anstrebte. Die am Aufruhr maßgeblich beteiligten Grafen Egmont und Hoorne bestiegen in diesem Sommer auf dem Großen Platz in Brüssel das Blutgerüst, das sollte allen Aufrührern als Warnung dienen. Noch vor Jahresende verließ Margarete die Niederlande.[44]

Spaniens tägliches Brot

Der Krieg in den Niederlanden hatte noch zu Zeiten von Philipps Vater Karl begonnen; er setzte sich während Philipps Regierungszeit fort bis zu dessen Ende und sogar noch weit darüber hinaus. Die Niederlande waren von Spaniens Herzland weit entfernt, nicht einmal eine gemeinsame Grenze verband diese Völker miteinander, und die Verkehrs- und Nachrichtenwege waren außerordentlich beschwerlich. Tausende von Spaniern mussten im Ausland als Söldner dienen, denn Philipps Spanien führte Krieg an mehreren Enden der Welt. Der spanische «tercio» war als Soldat gefürchtet.

Bezahlen musste für diese Kriege zunächst der spanische Steuerzahler, wobei Spanien gerade im Fall der Niederlande versuchte, diesen Krieg aus den dortigen Geldquellen zu finanzieren. Dieser lange Krieg in Flandern kostete Spanien große Summen, daher stellt sich die Frage: Wie groß war die Bevölkerung Spaniens unter König Philipp, und wie verdienten sie ihr Brot? Hatte des Königs Tun großen Einfluss auf ihr Leben, auf ihre Art des Broterwerbs? Auf ihr Leben wohl ja, auf den Broterwerb weniger. Die spanische Gesellschaft war auf ihre Regierung angewiesen, sie gab ihr Ordnung und Sicherheit; aber die Regierung bedurfte auch der Gesellschaft, die sie trug, die sie ernährte.

Zunächst, wie groß war die Zahl von Philipps Untertanen in Spanien? Was die Größe der Bevölkerung der einzelnen spanischen Königreiche anbetrifft, so ist man auf Schätzungen angewiesen, denn genaue Zahlen – aus Censusunterlagen etwa – gibt es für diese Zeit nicht. Wichtiger als der Einzelne war für den Staat der Haushalt, die Feuerstelle. Für das Jahr 1541 wurde in Kastilien die Zahl der Haushalte mit 1 254 000 geschätzt, sie stieg dann bis 1594 auf 1 339 000 an, also um rund sieben Prozent innerhalb von mehr als fünfzig Jahren, was aber neuerdings eher als übertrieben angesehen wird.[45] Auf einzelne Städte bezogen verlief die Entwicklung sehr unterschiedlich, je nachdem, ob – und wie oft – schwere Seuchen wie die Pest in diesen Jahren auftraten. Große alte Verwaltungsstädte wie Burgos verloren Einwohner ganz schlicht deshalb, weil viele seiner Bewohner nach 1561 in die Hauptstadt Madrid zogen. Auch in Valladolid stagnierte nach der Jahrhundertmitte die Zahl der Geburten.

In Katalonien wurden am Ende des 15. Jahrhunderts 55541 Haushalte gezählt, die sich dann bis 1553 auf 66719 erhöhten. Wenn man zu einer annähernd genauen Zahl von Einzelpersonen kommen will, wird man diese Zahl vielleicht mit 4,5 oder 5 multiplizieren müssen, dann kommt man auf etwa 230000 bis 250000 Einwohner im Jahr 1497 und wohl ein Fünftel mehr kurz nach der Mitte des 16. Jahrhunderts. Das Königreich Valencia, das zur Krone Aragóns gehörte, wuchs von 1565/72 bis zur Wende vom 17. zum 18. Jahrhundert – also in einem ziemlich langen Zeitraum – von 320000 auf etwa 483000 Einwohner.[46] Insgesamt wird man Philipps Untertanen in Spanien, die Bewohner des Baskenlandes mit einbezogen, auf sieben bis acht Millionen schätzen dürfen, wobei die Provinz Navarra mit 1,5 Millionen anzusetzen ist. Zu beachten ist dabei freilich, dass diese sieben oder acht Millionen Spanier nur den kleinsten Teil von Philipps Untertanen ausmachten, denn sehr viel mehr Menschen wohnten anderwärts, in Amerika oder in den spanischen Niederlanden oder Italien. Selbst die ihm unterstehenden Bewohner Italiens waren zahlreicher, von den Menschen in den Niederlanden und in der Neuen Welt gar nicht zu sprechen. Am Ende seiner Herrschaft jedoch, im Jahr 1598 und im Folgejahr, griff eine schwere Pest auf die Iberische Halbinsel über und riss viele in den Tod. Den niedrigsten Stand in der Neuzeit – mit etwa 6,6 Millionen Einwohnern – erreichte die spanische Bevölkerung am Ende des 17. Jahrhunderts, nach den großen Pestzügen dieser Zeit.[47]

Die Wirtschaft war im Vergleich mit einigen anderen Regionen, vor allem mit den nord- und westeuropäischen, eher weniger entwickelt: Die große Mehrzahl – vier Fünftel oder mehr – der Spanier lebte auf dem Land und von der Landwirtschaft. Die Landwirtschaft sah in den einzelnen Regionen Spaniens unterschiedlich aus, das hing von der Menge der Niederschläge ab, die im Nordwesten deutlich höher waren als im Süden, dann von der Höhenlage der Gebiete: Ob man auf der rauen Meseta 1500 Meter über Meereshöhe hauste oder an der klimatisch günstigen Küste, machte einen großen Unterschied.[48]

Auch die Pachtkonditionen der Bauern waren sehr unterschiedlich, und die spanischen Bauern waren zum größten Teil Pächter. Am schlechtesten waren sie in Galizien, wo viele Landeigentümer ständig in der Stadt lebten und dort den – möglichst hohen – Pachtzins verjubelten, den andere, auf dem Dorf, hart erarbeiteten. In Andalusien machten die Tagelöhner einen gut Teil der bäuerlichen Bevölkerung aus, und sie führten ein karges Dasein. Auch für Kastilien wird für das späte 16. Jahrhundert eine zunehmende Verarmung der Bauern konstatiert. Seit 1580 kündigte sich eine Landflucht an, die das folgende Jahrhundert über anhielt.[49]

Ein Großteil des spanischen Ackerlandes diente dem Getreideanbau, vor allem dem von Weizen, der nach traditionellen Methoden kultiviert wurde und denkbar geringe Erträge brachte. Mais, eine Pflanze aus der Neuen Welt, setzte sich zu Philipps Lebzeiten in Spanien nicht mehr durch, sondern kam erst im 17. Jahrhundert im Großen auf die Felder, desgleichen auch die Kartoffel. Der Weinanbau hingegen nahm im 16. Jahrhundert zu. Unter Philipp kam es zu einer Expansion des Ackerlands auf Kosten des Weidelands, dies ein Ausdruck des Bevölkerungswachstums, aus der aber auch viel Streit zwischen Ackerbauern und Viehzüchtern herrührte. Der Bestand an Schafen war in Spanien in der ersten Jahrhunderthälfte sehr groß, ihre Zahl wird auf 3,5 Millionen geschätzt, nach der Jahrhundertmitte sank er ab. Die Rinderzucht hingegen war noch kaum von Bedeutung. Es kam in dieser Zeit auch zu neuen Rodungen und zu einem Zurückdrängen des Gemeindelandes, was mit Konflikten verbunden war. Da die Bevölkerung Spaniens wuchs, nahm auch die Nachfrage nach landwirtschaftlichen Produkten in dieser Zeit deutlich zu.[50]

Der zweite Sektor der Wirtschaft, das Handwerk, war gleichfalls traditionell. Es brachte den allermeisten nicht viel mehr als das Auskommen – und einen immer größeren Anteil ihres Einkommens mussten sie an den Fiskus abliefern. Der Adel hingegen, der in Spanien weitaus zahlreicher war als in anderen europäischen Ländern, von Polen einmal abgesehen, blieb – ebenso wie der noch etwas größere Klerus – von den Steuern verschont, und das war nicht der einzige Grund, warum so viele Spanier am liebsten Adlige geworden wären. Es gab noch etliche andere triftige Gründe: adlig zu sein brachte dem Einzelnen hohes Ansehen; hingegen blickte man auf Handarbeiter herab. Es galt als entehrend, wenn einer die Sense schwang oder mit der Ahle sein Brot verdiente. Diese Auffassung verstärkte sich noch zu Philipps Lebzeiten, da Spanien im 16. Jahrhundert – dank der Zuströme von Gold und Silber aus der Neuen Welt – kurzzeitig ungeahnten Reichtum erwarb. Für kurze Zeit, denn die Edelmetalle aus der Neuen Welt flossen wieder ab, sehr bald in die Länder, aus denen Spanien seine Konsumgüter und Dienstleistungen bezog. Aber von da an galt verstärkt jede Art von Kapitalinvestition als entehrend, als würdelos – ausgenommen in Land und Vieh oder Wertsachen. Bezahlte Arbeit drücke den Geist, glaubte man, und erniedrigt den Tätigen. Auf die Volkswirtschaft eines Landes wirkt sich eine solche Einstellung niemals günstig aus. Was Wunder, dass Spanien wirtschaftlich, und später auch politisch, ins Hintertreffen geriet: Es musste seine Vormachtstellung im folgenden Jahrhundert an die aufstrebenden Wirtschaftsmächte im Norden abtreten. «Don» wurde zum Titel eines jeden, zuvor war dies ein Vorrecht des Adels gewesen. Philipp hat in seiner «Pragmática de las cortesías» versucht, diesen Auswüchsen entgegenzusteuern, vergeblich. Ja, er unterstützte diese Einstellung sogar noch, als er 1562 sämtlichen Einwohnern der kleinen nordspanischen Provinz Guipuzcoa den Adelstitel verlieh.[51]

Zu Beginn von Philipps Herrschaft stammte der Löwenanteil der staatlichen Einnahmen noch aus den im Land erwirtschafteten Geldern. Für das Jahr 1560 erwartete das Königreich Kastilien Einnahmen in Höhe von 4 192 236 Dukaten. Davon stammten 37 Prozent aus den gewöhnlichen Einnahmen – im Wesentlichen also aus Steuern –, weitere 13 Prozent flossen dem kastilischen Fiskus dank der Großzügigkeit des Heiligen Vaters zu und 23 Prozent aus amerikanischen Quellen, also Gold und Silber aus der Neuen Welt. Die staatlichen Ausgaben waren jedoch – mit 5,2 Millionen Dukaten – höher als die Einnahmen.[52]

Zu den direkten Steuern, die vor allem die Landpächter aufbrachten, kamen die indirekten: Diese weiteren Steuern waren die «alcabala», eine Verkaufssteuer, die alle Waren mit 10 Prozent belastete; bezahlt wurde sie zur einen Hälfte vom Verbraucher, zur anderen vom Verkäufer. Dann gab es die «tercias reales», ein Geschenk von Papst Alexander VI. Borgia an die Krone Kastiliens im Jahr 1495 – sie berechtigte den spanischen König, zwei Neuntel des Kirchenzehnts für seinen Staat zu verwenden. Die «cruzada» verpflichtete jeden Spanier dazu, für zwei Real pro Kopf einen Ablass zu erwerben, der ihm das Recht gab, während der Fastenzeit mehr zu essen. Daneben standen einige weitere kleinere Arten von Abgaben.[53]

Madrid und der Escorial

Zu Beginn von Philipps Herrschaft besaß Spanien noch keine feste Hauptstadt. Was heißt überhaupt Spanien? Philipps Urgroßeltern, Ferdinand von Aragón und Isabella von Kastilien, hatten durch ihre Heirat im Jahr 1469 die beiden bedeutendsten spanischen Königreiche Aragón und Kastilien erst zusammengeführt. Sie regierten noch, beispielsweise im Jahr 1492, über drei selbständige christliche Königreiche, nämlich Kastilien, Aragón und Navarra. Kastilien war bei weitem das größte unter ihnen, es unterwarf sich in diesem Jahr, 1492, das letzte Maurenreich, Granada, und gliederte es sich ein. Navarra verlor 1512 seine Selbständigkeit und wurde ein Kronland Kastiliens. Diese Reiche hatten weiterhin ihre eigenen Stände und Ständeversammlungen. In Kastilien war es Valladolid, wo sich die Cortes in der Kirche San Pablo versammelte; in Aragón tagten die Stände in Monzón. Die Verfassungen von Kastilien und Aragón waren grundverschieden, auch und gerade mit Blick auf die Cortes: In Aragón setzte sie sich aus vier Ständen zusammen und war sogar nach den Teilreichen Aragón, Cataluña (Katalonien) und Valencia unterteilt. In Kastilien erhielten die später eroberten Gebiete Andalusien und Granada nicht das Recht zugesprochen, eigene Prokuratoren in die Cortes zu entsenden. Und die neu entdeckte Welt Amerika war zunächst ein Besitz des größten und mächtigsten Reiches, Kastiliens.

Eine Hauptstadt Spaniens gab es zu Zeiten von Philipps Regierungsantritt noch nicht; vorläufig spielte Valladolid die Rolle einer Verwaltungshauptstadt. Aber wurde es nicht langsam unverzichtbar, dieses große Reich von einem Zentrum her zu regieren? War es nicht unerlässlich, Räumlichkeiten zu besitzen, wo man Dokumente und amtliche Unterlagen verwahren – und somit leicht einsehen – konnte, ein Archiv also? Bislang diente Philipp die Festung Simancas unweit von Valladolid diesem Zweck.[54]

1561 machte Philipp Madrid zu seiner Hauptstadt. Dazu ließ er zunächst den Alcázar von Madrid, eine stattliche Festung aus dem 14. Jahrhundert, am Rande einer Hochfläche über dem Fluss Manzanares gelegen, wiederherstellen; dieses Gebäude ist im Jahr 1734 abgebrannt.

Die Gründe dafür, dass er Madrid wählte, sind noch nicht restlos geklärt. Madrid liegt in Kastilien, das war sicherlich wichtig, und es liegt in Spaniens Mitte. Madrid war noch immer eine sehr kleine Stadt, mit weniger als 20000 Einwohnern, die in unschönen niedrigen, kleinen Häusern lebten, zwischen denen sich unsaubere Straßen hindurchzogen. In den ersten fünf Jahren nach 1561 schnellte die Einwohnerschaft Madrids auf 60000 empor.[55]

Dass Philipp nun eine Hauptstadt besaß, hieß nicht, dass er gänzlich aufhörte zu reisen: Seine Untertanen sollten ihn von Zeit zu Zeit sehen, meinte er; sie sollten wissen, dass der König sich um ihre Belange kümmerte. Üblicherweise verbrachte Philipp fortan den Winter in seiner oft ungemütlich kalten Hauptstadt Madrid, in deren Umgebung es viele Wälder – und somit Brennholz – gab. Ostern war er im Escorial zu finden. Danach zog er gen Süden, nach Aranjuez, wo er den größeren Teil des Frühjahrs in seinen Rosengärten und Orangenhainen zubrachte. Zu Beginn des Sommers, im Juni, fuhr er nach Schloss Valsaín in den Bergen. Nach der Fertigstellung des Escorial verbrachte er hier die Hochsommertage, den Spätherbst dann, zur Jagd, im Schloss Pardo.[56] Aber er kam bald nicht mehr so häufig wie zuvor nach Aranjuez oder nach Toledo oder zu seinem Jagdsitz nach El Pardo. Und noch seltener kam er nach Córdoba oder gar nach Barcelona.[57]

Seit 1561 war Madrid also Hauptstadt; zwei Jahre später begann Philipp mit dem Bau des Escorial. Dort draußen, auf einer Anhöhe der Sierra Guadarrama, rund tausend Meter über dem Meeresspiegel, also noch einmal mehrere hundert Meter höher als Madrid gelegen, stand bereits ein Kloster der Hieronymiten. Dieser Orden, eine Gründung des 14. Jahrhunderts, verstand es, die mönchische Kontemplation mit der praktischen Arbeit zu verbinden. Philipp schätzte diese Gemeinschaft, wie auch sein Vater die Hieronymiten gemocht und sein letztes Lebensjahr bei ihnen zu-

Der Escorial. Gemälde von Michel-Ange Honasse, undatiert

gebracht hatte. Philipp wollte ein großes Bauwerk erstellen lassen, das teils Kloster, teils Regierungszentrale und zugleich Mausoleum der spanischen Könige sein würde. Im Grundriss entsprach der geplante Bau einem Rost – einem Grillrost, der daran erinnern sollte, dass der hl. Laurentius bei lebendigem Leib geröstet worden war. Philipp wollte dieses Bauwerk dem Gedenken dieses Heiligen widmen, weil er im Jahr 1557 an dessen Ehrentag, dem 10. August, den glänzenden Sieg von Saint-Quentin gegen Frankreich errungen hatte.

1563 wurde mit der Errichtung dieses gewaltigen Bauwerks begonnen. Der führende Kopf hinter dem Ganzen war der Architekt Juan Bautista de Toledo, der die Baukunst unter Michelangelo Buonarroti in Italien gelernt und am Bau der neuen Peterskirche in Rom mitgearbeitet hatte. Philipp schätzte ihn als Architekten sehr, wenngleich es zwischen diesen beiden oft zu Meinungsverschiedenheiten kam. Toledo war ein enzyklopädischer Geist, der neben der Baukunst und der Mathematik auch die Philosophie und die alten Sprachen ausgezeichnet beherrschte.[58] Für Philipp – und den Escorial – war es ein herber Verlust, als Toledo im vierten Jahr nach dem Beginn der Bauarbeiten plötzlich starb. Nun übernahm für kurze Zeit der Italiener Giambattista Castello (genannt «der Bergamasker») die Leitung; der dann wenig später, 1567, von dem spanischen Architekten Juan de Herrera ersetzt wurde. Dieser Herrera war ein ehemaliger Offizier aus der Leibwache Karls V., er war zugleich ein bedeutender Humanist und Mathematiker. Herrera baute später eine Vielzahl von berühmten Bauten auf spanischem Boden, darunter das Schloss von Aranjuez und die Börse von Sevilla, und lieferte Pläne für die Kathedrale von Valladolid. Sein Name ist heute in Spanien allenthalben bekannt, er wird vor allem mit den gotisch anmutenden Türmchen in Verbindung gebracht.

Der Bau des Escorial schritt nur langsam voran. Philipp ließ es sich nicht nehmen, sich in der Nähe des Escorial aufzuhalten und von einem nahe gelegenen Felsen, der «Sede Felipe Segundo», den Fortgang der Arbeiten zu beobachten. Einer Legende zufolge soll er sogar von Madrid aus mit Hilfe eines Fernrohrs dem Aufbau zugeschaut haben, was nicht unmöglich gewesen wäre; doch wurde das Fernrohr erst im Jahr 1609 erfunden, Jahre nach Philipps Tod.

Nicht alles beim Bau lief plangemäß oder nach Philipps Vorstellungen. Es gab Verzögerungen, zwei ernsthafte größere Brände, und das Gebäude wurde auch einmal vom Blitz getroffen. Im Mai 1577 begehrten die Arbeiter auf, als einer von ihnen nach einer Rauferei ins Gefängnis geworfen wurde.

In der Nacht vom 11. zum 12. Juni 1571 verbrachte Philipp erstmals eine Nacht im Escorial, das Gebäude war seinerzeit noch in einem unfertigen Zustand. Die Mönche lebten im südwestlichen Geviert der Anlage. Daneben öffneten sich weitläufige Gärten, und von der allernächsten Umgebung aus konnte man an klaren Tagen Madrid sehen.

Ein Besuch seiner Schwester, der Kaiserin Maria, die ihren Vetter in Wien, Kaiser Maximilian II. (reg. 1564–1576), geheiratet hatte und seit 1576 verwitwet war, am 23. Juni 1582, fällt mit einem wichtigen Ereignis zusammen: An diesem Tag wurde das Kreuz auf dem Escorial aufgesetzt, das mit seinen 8,5 Metern Höhe und einem Gewicht von 840 Kilogramm alles überragt, die große bronzene Kugel darunter wiegt 1564 Kilogramm. Im Jahr darauf war der Escorial fertig gestellt.[59]

Als die Bauten vollendet waren, bildeten sie ein wuchtiges

Viereck aus grauem Granit, das im Sonnenlicht in schönstem Glanz erstrahlt, ein gewaltiges Rechteck mit 207 Meter nach Westen und 162 Meter nach Norden, mit 1200 Türen und Hunderten von Fenstern nach innen wie nach außen, mit 86 Stiegen und 160 Kilometer Gängen im Innern, eine Kirche mit 44 Altären und 7500 Reliquien. Im westlichen Teil dieses riesigen Gebäudes ließ sich der König seine Privatgemächer einrichten, an die Kirche angrenzend, sodass er von seinen Räumen aus jederzeit auf den Hochaltar blicken konnte.

Im Untergeschoss der Palastkirche, in der Krypta, befindet sich bis zum heutigen Tag das Pantheon der spanischen Könige, so wollte es der Bauherr. Es sollte zunächst seinem Vater Karl als letzte Begräbnisstätte dienen, der 1558 im Kloster San Jerónimo de Yuste verstorben war. Philipp ließ Karls Gebeine im Februar 1574 hierher überführen, bald auch den Sarg seiner Mutter Isabella und den der Prinzessin Maria Manuela von Portugal, Mutter des Don Carlos, die zuvor in der Kathedrale von Granada gelegen hatte. Auch die Särge seiner beiden Brüder, der Infanten Don Fernando und Don Juan, gelangten in diese Krypta, später auch die zweier Schwestern Karls V.

Die Baukosten für diesen gewaltigen Komplex beliefen sich auf 5,5 Millionen Dukaten, sie wurden vom König getragen, dem Bauherrn. Der Bau sollte vielerlei Zwecken dienen, das war von Anfang an so vorgesehen: Er war zum einen eine Erweiterung des Klosters, also eine neue klösterliche Stiftung, zum anderen Regierungssitz.

In der nächsten Umgebung des Klosters Escorial entstanden etliche Wirtschaftsgebäude und Wohnhäuser, denn irgendwo mussten die vielen Bediensteten des Hofes untergebracht werden. Wirtschaftsgebäude für Getreide und Vieh entstanden, der Hof brauchte schließlich Nahrungsmittel: Milch, Eier, Geflügel, Obst, Gemüse und vieles mehr, um die vielen Bediensteten zu verköstigen. Auch viel Fisch, der von fern herbeigeschafft werden musste.[60]

Der Escorial ist Philipps ureigenstes Bauwerk, er ist großartig anzusehen. In seinem äußeren Anblick gleicht er einem Palast und zugleich einer Kaserne; man hat ihn sogar mit einem Gefängnis verglichen. Er sollte weltliche Gewalt verkörpern, denn er bildete eine Art Regierungszentrale, und zugleich Spiritualität, denn sein Hausherr verstand sich als ein Sachwalter Gottes auf Erden, und außerdem war der Escorial zugleich die Grabstätte seiner Ahnen, der spanischen Könige. Dieses gewaltige Bauwerk aus grauem Granit, das an schönen Sonnentagen so viel Wärme ausstrahlt – wie an kalten Tagen herbe Strenge –, verkörpert Philipps Regierung über Spanien, seinen Zentralismus, seinen Sinn für Symmetrie, für Askese und seine Frömmigkeit.

Der Tagesablauf eines Königs

Wie sah der Tagesablauf des König aus, beispielsweise in späterer Zeit, als Philipp häufig im Escorial anzutreffen war? Philipp ließ sich gewöhnlich morgens nicht wecken; er vertraute darauf, von alleine aufzuwachen, und zwar gegen 8 Uhr. Dann blieb er noch eine Weile im Bett liegen, beschäftigte sich aber schon in der folgenden Stunde mit wichtigen Papieren, die er im Liegen las. Erst gegen 9 Uhr oder 9 Uhr 30 stand er auf und ließ sich von einem der Barbiere rasieren und von dem für sein Schlafgemach zuständigen Diener beim Ankleiden helfen. Dann begann sein Arbeitstag.[61]

Der florentinische Botschafter versicherte, dass Philipp Tag für Tag acht oder neun Stunden an seinem Schreibtisch saß und konzentriert arbeitete. Philipp führte eigentlich viele Jahre lang ein Leben, das an einen kleinen Büroangestellten denken lässt, der in einem Meer von Tinte, Streusand und Papier ertrinkt. Der König war ganz und gar Schreibtischmensch. «Kein Sekretär auf dieser Welt verbraucht mehr Papier als Seine Majestät», stöhnte Kardinal Granvelle einmal.[62] 1590 äußerte ein gut informierter Höfling, dass König Philipp im Laufe seines Lebens so viele Schriftstücke selbst verfasst hatte, dass wohl vier Maultiere notwendig seien, dies viele Papier auf einmal wegzutragen. Vom späten Vormittag bis in die Nacht saß Philipp über Akten und Papieren. Seit langem ist bekannt, dass der König die Berichte der Vizekönige aus der Neuen Welt sorgfältig las und mit eigener Hand am Rand seine Notizen anbrachte, die Grammatik korrigierte oder kommentierende Ergänzungen dazuschrieb. Er wollte jede Entscheidung persönlich treffen, also musste er sich über alles in Kenntnis setzen. Nicht selten fand ihn der Kammerdiener, der das Amt innehatte, die Kerzen in seinem Zimmer zu löschen, zu später Stunde schlafend an seinem Schreibtisch oder mit einer Akte im Bett. *Ein König,* so hat Philipp einmal gesagt, *ist nichts weiter als ein Sklave, der eine Krone* trägt.[63]

Zwei größere Mahlzeiten nahm der König täglich zu sich, das Mittagessen und das Abendbrot. Die Gerichte waren bei beiden ähnlich: Da gab es gebratenes Huhn, Rebhuhn oder Täubchen, dann ein Stück Wild, Kalbfleisch und ein großes Stück vom Rind, insgesamt sehr viel Fleisch. An den Fastentagen gab es statt des Fleisches Fisch; doch ließ sich der König in späteren Jahren vom Papst einen Dispens erteilen, der es ihm erlaubte, auch freitags und sogar während der Fastenzeit Fleisch zu essen – seine schwächliche Gesundheit diente ihm als Rechtfertigung. Gemüse fand man an der königlichen Tafel nur wenig, mittags wurden Früchte und abends Salate gereicht, außerdem verschiedene Suppen und Weißbrot zu jeder Mahlzeit. Philipps Ernährung war reichhaltig, aber ziemlich einseitig.[64]

Die große Mahlzeit am Abend wurde erst gegen 21 Uhr gereicht, auch später, wenn der König um die gewohnte Zeit noch nicht zum Speisen bereit war. Es kam nämlich gar nicht selten vor, dass ein Bote um 18 Uhr mit einem wichtigen Schreiben eintraf – und der gleiche Bote zwei Stunden später mit einer Antwort wieder von dannen zog –, Philipp sich jedoch inzwischen mit einem ganz neuartigen Problem gründlich beschäftigen musste, um so rasch antworten und eine Entscheidung vorlegen zu können. Philipp legte sich zu sehr unterschiedlichen Zeiten schlafen, das hing ganz von seiner Arbeitsbelastung ab.

Der König scheint übrigens an Darmträgheit und häufig an Verstopfungen gelitten zu haben – wenn aufregende Nachrichten bei ihm eintrafen, trat das Gegenteil ein. Die königliche Hausapotheke war stets gut ausgestattet, und das war auch notwendig, denn der Monarch klagte häufig über Beschwerden, die ihm seine Hämorrhoiden verursachten. Ja sogar Nahrungsmittelvergiftungen kamen im königlichen Haushalt vor, in dieser Zeit ohne Kühlschrank. Außerdem litt Philipp auch an Asthma. Spätestens im Jahr 1563 stellte sich Arthritis bei ihm ein, dann kamen auch noch Gallensteine dazu und Malaria, die ihn seit den 1560er Jahren regelmäßig heimsuchte und schon seinem Vater schwer zugesetzt hatte.[65]

Als junger Fürst ist Philipp viel gereist; doch in späteren Jahren vertrat er die Meinung, ein König solle in erster Linie sesshaft sein. *In seinem Königreich herumzureisen ist weder nützlich noch gehört es sich*, schrieb er an seinen Sohn und Erben Philipp III.[66] Er zog es vor, sein weitläufiges Reich und seine Truppen von Madrid oder dem Escorial aus zu regieren, nur ungern legte er die Entscheidungsgewalt in andere Hände. Aber die Straßen waren schlecht, und die Verbindungen dauerten lang: Ein schneller Kurier benötigte für die Strecke Lissabon–Madrid oder Sevilla–Madrid vier Tage, ein Brief von Madrid nach Brüssel oder Mailand brauchte wenigstens zwei Wochen, nach Mexiko zwei Monate und nach Manila auf den Philippinen gar ein ganzes Jahr.

Philipps Hingabe an seine Amtsgeschäfte wurde zur Legende. Wenn der König eine kleine Reise machen musste, nahm er sich ein Bündel mit Akten mit, damit er unterwegs nicht so viel Zeit vertrödelte. Er zog es vor, die Dinge selbst zu lesen, soweit sie niedergeschrieben waren, als sie sich von einem anderen vortragen zu lassen. Philipp war misstrauisch, in andere Menschen hatte er wenig Vertrauen. Er wollte die Dinge selbst sehen, mit eigenen Augen – und da diese Augen im Lauf der Jahre immer schlechter wurden, trug er zum Lesen eine Brille. Dies ist erst seit 1977 bekannt, Philipp war einer der ersten Monarchen Europas mit Brille.[67]

Der König, eher ein scheuer Mensch, liebte das Zurückgezogensein. «Für sich allein zu sein», schrieb der venezianische Gesandte an seinem Hof, «ist sein größtes Vergnügen.»[68]

Philipp II. als Herrscher

Philipps Reich war groß, riesengroß – der König herrschte über etwa 50 Millionen Menschen, gut ein Zehntel der damaligen Menschheit. Er regierte Spanien und seit 1580 auch Portugal samt deren Besitzungen in der Neuen Welt und in Asien, dann das Königreich Neapel mit Sizilien, Mailand, die Niederlande, Mexiko und Peru und noch etliche kleinere Gebiete.

Philipp erfüllte seine Aufgaben als Regierungschef sehr gewissenhaft. Er machte sich viel Gedanken darüber, wie man so viele Menschen und Völker rational und wirkungsvoll regieren könne. Sein Vater war noch in erster Linie Herrscher und Feldherr gewesen – Philipp war Schreibtischmensch. Unter ihm war das spanische Weltreich aus dem Zeitalter der Konquistadoren in eines der Bürokraten und Beamten hinübergewechselt. Es gibt eine hübsche Geschichte, die dies trefflich beleuchtet: Karl V. soll einmal nach Papier und Tinte verlangt haben, und es fand sich in seinem Palast weder das eine noch das andere. Unter König Philipp wäre das vollkommen undenkbar gewesen.[69]

Philipp II. als junger Monarch. Bemalte Porträtbüste von Pompeo Leoni, um 1556–60

Philipp war ein frühabsolutistischer Monarch. Er war sich durchaus bewusst, dass er als König Verantwortung zu tragen hatte, über die er später dem Allerhöchsten Rechenschaft ablegen musste. Er sagte es einmal mit ganz ähnlichen Worten wie lange nach ihm der aufgeklärte Preußenkönig Friedrich II., dass er der erste Diener seines Staates sei. *Das Volk ist nicht für den Herrscher da, sondern umgekehrt, der Herrscher für das Volk*, schrieb er an den Vizekönig von Neapel. *Seine erste und höchste Pflicht bestehe darin, daß er für das ihm anvertraute Volk arbeite und dafür Sorge trage, daß es in Ruhe und Frieden, in Gerechtigkeit und Ordnung zu leben vermöge. Denn dafür wird ihm, dem Herrscher, schließlich Rechenschaft abgefordert werden.*[70] Der König müsse für das Volk arbeiten, *trabajar para el pueblo*, das wurde in seiner Zeit zum geflügelten Wort.[71] Allerdings wollte Philipp uneingeschränkt herrschen, weil er glaubte, nur so könne er gut regieren. Seine spanischen Untertanen scheinen mit seiner Herrschaft zufrieden gewesen zu sein.

Philipps Reich war unermesslich groß. Daher ließ Philipp sich in den entlegeneren Teilen jenseits der Meere – also etwa in der Neuen Welt, aber auch in Italien – von Vizekönigen vertreten, die in seinem Namen regierten und an seine Weisungen gebunden waren. Es gab neun Vizekönigreiche, die ihm unterstanden. Schon gleich zu Beginn seiner Herrschaft trennte Philipp Italien von dem Provinzrat von Aragón und setzte einen eigenen Rat für Italien ein.

Seine Urgroßeltern, die Katholischen Könige Ferdinand und Isabella, hatten fünf Ratsgremien hinterlassen, diesen hatte Karl noch vier hinzugefügt, und Philipp richtete noch einmal fünf weitere ein, sodass es zu guter Letzt vierzehn waren. Zu Karls Zeiten waren die einzelnen Funktionen des später so wichtigen Staatsrats, «Consejo de Estado», noch ziemlich unbestimmt. Mercurino Gattinara, Karls Kanzler, hatte auch einen Finanzrat eingerichtet, den «Consejo de Hacienda», das war Gattinaras wichtigste Reform. Die wichtigsten Räte waren die, mit deren Hilfe Philipp das Königreich Kastilien regierte. Sie waren für das Justizwesen, die öffentliche Ordnung, wirtschaftliche und kirchliche Angelegenheiten innerhalb Kastiliens zuständig, außerdem auch noch für «Westindien», also die neu entdeckte Welt, und für die Inquisition. Philipp empfand offenbar hohe Wertschätzung für das Recht, denn er besetzte die Spitzen dieser Ratsgremien zumeist mit Juristen.[72]

Philipp hat sich auch Gedanken gemacht, welche Menschen – oder genauer: welche Personen aus welchen sozialen Schichten – er für die unterschiedlichen Tätigkeiten in der königlichen Regierung heranziehen sollte. Er entschied sich für den niederen Adel. Gerade für die höhere Verwaltungstätigkeit suchte sich Philipp nicht Angehörige des Hochadels, die bereits in der Armee Ränge bekleideten und an der Spitze der Vizekönigreiche standen. Diese großen alten Adelsfamilien waren reich und von sich eingenommen, sie beherrschten einige große Städte ganz und gar: In Städten wie Toledo und Sevilla gab es seit langer Zeit richtige Adelclans, die mit ihren großen Gefolgschaften diese Städte wie ihr Eigentum behandelten und keinen königlichen Machteinspruch dulden wollten. Sie waren für derlei staatliche Ämter nicht zu gebrauchen. Philipp bevorzugte dafür Menschen aus Hidalgo-Familien oder aus dem Bürgertum. Diese Schicht war ehrgeizig und wollte aufrücken; sie war bereit sich fortzubilden, um durch Bildung gesellschaftlich aufzusteigen. Und sie war ihm ergeben, denn sie verdankte ihm alles. Allerdings fehlte es zu seiner Zeit noch an Menschen mit größerer Erfahrung in den Wirtschafts- und Finanzwissenschaften, und das Studium der Theologie und der Jurisprudenz, das zeigte sich bald, war dafür wenig geeignet, Probleme des Wirtschaftens analytisch zu durchdringen.[73]

Die Leute, die in der Verwaltung unter ihm arbeiteten, die kleinen Bürokraten, taten dies übrigens für wenig Geld, das oft genug noch sehr spät ausgezahlt wurde. Allerdings ist über die Tätigkeit dieses etwas schwerfälligen Apparates – über die tägliche Arbeit der vielen kleinen Schreiber und Inspektoren und Steuereintreiber usw. – noch immer wenig bekannt.

Philipps Vater hatte zwar von seinen knapp vierzig Jahren als König von Spanien und Kaiser an die sechzehn in Spanien verbracht, aber vieles war inzwischen doch veraltet oder heruntergekommen. Dies begünstigte die Kabinettsregierung, wie Philipp sie dann einführte. Philipp hatte einen Kreis von Vertrauten, dazu zählte im Lauf der Jahre der Kastilier Fernando Álvarez de Toledo, Herzog von Alba. Alba war zwanzig Jahre älter als Philipp und hatte auch schon dessen Vater gedient. Er war klug genug, seine Loyalität früh auf Prinz Philipp zu übertragen. Das zahlte sich für ihn aus. Dann gab es da einen Aragonesen, den Sohn von Gonzálo Pérez, Antonio Pérez. Ferner zwei Portugiesen, nämlich Ruy Gómez de Silva, den späteren Fürsten von Eboli, und Cristóbal de Moura. Ferner den Katalanen Luis de Requesens, den Burgunder Kardinal Granvelle und den Basken Juan de Idiáquez. Zwischen 1573 und 1591 beschäftigte Philipp einen Privatsekretär von bescheidener Herkunft, den Korsen Mateo Vázquez.

Philipp versuchte stets, seinen Machtbereich auszudehnen, vor allem gegenüber den älteren Ständeversammlungen in den Reichen Spaniens, über die er gebot. Und er versuchte, die Verwaltung rational durchzugliedern. Von seinem Staatsrat, dem «Consejo de Estado», hatte schon sein Vater Karl V. mehrere Ressorts verselbständigt, darunter den Kastilienrat, «Consejo de la Cámara de Castilla», das war fortan eine Art Innen- und Justizministerium. Seit Karls Herrschaft lag die Organisation des Handels mit der Neuen Welt beim Indienrat, dem «Consejo Real y Supremo de las Indias», einer Universalbehörde für die Kolonien, der alle Verwaltungs-, Rechts- und Kirchenangelegenheiten in der Neuen Welt lenkte. Gerade diesem Gremium kommt «der Ruhm einer vorbildlichen Sozialgesetzgebung zu»: Keine der älteren Kolonialmächte hat so viel für die Indianer getan wie Philipps Spanien mit der «Indianer-Schutzgesetzgebung seines Indien-Rates» (Horst Rabe).[74]

Die Mitglieder dieses Rats bereiteten die königlichen Entscheidungen in ihrem jeweiligen Ressort vor, hatten dabei aber nur eine beratende Funktion. An ihren Sitzungen nahm Philipp in der Regel nicht persönlich teil, er verkehrte zumeist schriftlich mit ihnen. Das grundlegende Dokument der spanischen Zentralregierung unter Philipp war die «consulta». Das war ein Papier, das jeder Rat nach jedem Treffen dem König zuleitete, eine Art Ergebnisprotokoll seiner Sitzungen, das zugleich zu den verschiedenen erörterten Fragen eine Empfehlung enthielt, was zu tun sei. Dies erleichterte dem Monarchen die Entscheidung. Einmal wurden Philipp binnen eines einzigen Monats, und zwar im Mai 1571, sage und schreibe 1252 solcher Consultas zur Entscheidung vorgelegt.[75]

Philipps Reich war gespalten, selbst innerhalb Spaniens, und zwar auch in dem Sinn, dass die einzelnen Königreiche – wie Kastilien oder Aragón – eigene Vorrechte besaßen. Jede Provinz hatte ihre Traditionen und Privilegien und wachte eifersüchtig darüber. Hier herrschte gewissermaßen seit alters eine Form des Föderalismus, den Philipp nun allerdings Schritt für Schritt zurückzudrängen suchte. Er wollte mehr Zentralismus und Absolutismus, weil ihm dies das Regieren erleichterte. In einzelnen Landesteilen, vor allem in Aragón, wollte es Philipp lange Zeit nicht glücken, seine Macht auszudehnen. Aragón besaß seine eigenen politischen Einrichtungen, seine Gerichtsbarkeit und Verwaltung, seine eigene Gesetzgebung. Aragón war es nicht gewohnt, dass der König von Madrid aus hineinregierte.

Philipp verfügte allerdings über eine Behörde, die ihm sehr

viel Mitsprache in den einzelnen Regionen erlaubte, und das war die Inquisition. Sie war die einzige Zentralbehörde, für die die sonst so streng beachteten Grenzen nicht galten, sie war somit eine stark institutionelle Klammer für das gesamte Reich und für ihn aus dem gleichen Grund auch von unschätzbarem Wert. Und sie besaß außerdem neben der gerichtlichen auch noch die polizeilichen Gewalten.[76]

Philipp versuchte – darin schon ganz absolutistischer Monarch – alles an sich zu ziehen, alles selbst in die Hand zu nehmen. Im Vergleich zu den anderen europäischen Staaten bekam Spanien sehr früh von oben eine zentralisierende Bürokratie übergestülpt. Zugleich war dieser Herrschaftsapparat aber auch sehr schwerfällig. Dies hatte zur Folge, dass wichtige Dinge oft lange liegen blieben – es waren der Entscheidungen so viele zu treffen, und Philipp wollte am liebsten alles selbst in die Hand nehmen, dass vieles lange dauerte. «Alles geht bei uns von morgen auf übermorgen, und der Hauptentschluß ist, in allem stets unentschlossen zu bleiben», schrieb 1565 Thomas Granvelle an seinen Bruder Antoine in den Niederlanden.[77] Was die Araber nach Spanien mitgebracht hatten, das geflügelte Wort «bukra» (d. h. «morgen»), das übernahmen die Spanier als «mañana». Die Bevölkerung murrte, sie hätte nichts dagegen, sagte sie, wenn der Tod eines Tages aus Madrid käme.

Philipp fand bei seinem Amtsantritt eine Vielzahl von Gremien vor und fügte diesen auch neue hinzu. Unter König Philipp entstand die so genannte Junta der Nacht – «Junta de Noche». Sie erhielt diesen Namen, weil sie zu sehr später Stunde zusammentrat. Sie behandelte dann sogleich, und zwar an jedem Spätabend, die Papiere, die an diesem Tag vom Kurier gebracht worden waren. Sie setzte sich zusammen aus Cristóbal de Moura, Juan de Idiáquez, dem Grafen von Chinchón und Philipp selbst. Diese Junta hatte beträchtliche Entscheidungsgewalt. Als Philipp sich 1592 für längere Zeit in Aragón aufhalten musste, um dort nach dem Rechten zu sehen, gingen alle Vollmachten an sie über. Als seine Gesundheit nachließ, übernahm sie mehr und mehr die Funktionen einer Exekutive. Philipp fürchtete zeitweise sogar, dass sie ihm über den Kopf wachsen könnte, daher schaffte er sie im September 1593 ab und ersetzte sie durch einen Rat, den man als

«Junta de Gobierno» bezeichnete. Er setzte hier dieselben Leute ein und fügte noch den Erzherzog Albert von Österreich hinzu, der seit 1582 in Philipps Auftrag, als Vizekönig nämlich, Portugal regierte. Dieses neue Komitee war in fünf Ressorts unterteilt und arbeitete wie ein modernes Kabinett. Wenn der König krank war, übernahm es seine Funktionen.[78]

Vieles mag in Spanien länger gedauert haben als anderswo, aber es gab gerade hier ein hohes Maß an Gerechtigkeit, so scheint es, und an öffentlicher Sicherheit. Es sei möglich, sagten Reisende, «von dem einen Ende Spaniens an das andere zu reisen, mit der Börse in der Hand, ohne dass man belästigt wird». Kriminalfälle wurden von den Gerichten mit großer Eile abgefertigt – manchmal vielleicht mit allzu großer. Dafür konnten sich Zivilprozesse lange hinziehen. Die Gesetzestreue der Spanier wurde von Fremden gerühmt.[79]

Absolutistische Fürsten, auch aufgeklärte, haben stets gern in die ordentliche Gerichtsbarkeit eingegriffen, und oftmals sogar zu dem Zweck, die Aufklärung zu begünstigen. Philipp griff im Großen und Ganzen selten in die Arbeit der Gerichte ein – in eine Art von Gerichtsverfahren jedoch regelmäßig, und das waren solche, die seine Minister betrafen, oder dann, wenn es um seine Privatgüter ging. In die ordentliche Gerichtsbarkeit schaltete der König sich auch dann ein, wenn sein Begnadigungsrecht betroffen war. Als er im Jahr 1580 nach Portugal reiste, um dieses Land seinem Herrschaftsbereich einzuverleiben, ließ er unterwegs alle Gefängnisinsassen in den Städten, durch die er kam, freisetzen – das zu tun war sein Recht als oberster Gnadenherr, mag es noch so willkürlich erscheinen.

Eine düstere Angelegenheit ereignete sich in Philipps engster Umgebung, nämlich die Ermordung des Juan de Escobedo im Auftrag von Philipps Sekretär Antonio Pérez. Dieser Antonio Pérez war der uneheliche Sohn eines Klerikers jüdischer Abstammung namens Gonzálo Pérez. Er diente Philipp von 1541 an als persönlicher Sekretär, seit 1556 auch als Sekretär des Staatsrats. In dieser Eigenschaft kam Pérez seit 1568 auch mit Philipps Halbbruder Don Juan d'Austria zusammen. Von Pérez stammte das Gerücht, Don Juan sei nach seinem großen Seesieg über die Türken bei Lepanto, wo er die christliche Flotte anführte, sehr reizbar und arrogant geworden; er verlange nach größerem Ruhm und materiellem Gewinn, er begehre sein eigenes Reich zu besitzen. Der König überließ es Antonio Pérez, den Ehrgeiz seines Halbbruders zu dämpfen. Ende des Jahres 1574 sorgte Pérez dafür, dass der persönliche Sekretär von Don Juan aus dessen Diensten verschwand und ein alter Freund von ihm, Juan de Escobedo, diese Stelle bekam. Dieser war seit 1566 Sekretär des Finanzrats und zugleich ein Verwandter von Ruy Gómez de Silva, eines Günstlings Philipps. Aber Philipp verlangte jetzt bessere Kontrollmöglichkeiten über Don Juan, daher sandte er diesen in die Niederlande, und zwar zusammen mit dem Sekretär Escobedo, den er mit weit reichenden Vollmachten ausstattete. Bis Mai 1577 hatte Don Juan die Situation in den Niederlanden gut im Griff. Er wurde von allen niederländischen Generalgouverneuren akzeptiert und hielt in Brüssel triumphalen Einzug. Diese Erfolge von Philipps Halbbruder scheinen Escobedo gewurmt zu haben; er war offenbar ein Mann mit großem Ehrgeiz: Er verlangte selbst nach einem militärischen Kommando oder wenigstens einem Rittertitel in einem der militärischen Orden von Kastilien.

Don Juan d'Austria (Johann von Österreich), *24. 2. 1547 Regensburg, † 1. 10. 1578 bei Namur. Natürlicher Sohn Kaiser Karls V. und der Regensburgerin Barbara Blomberg. Von einem Höfling erzogen, wurde er nach dem Tod Karls (1558) von Philipp II. als kaiserlicher Spross anerkannt. Zunächst für den geistlichen Stand bestimmt, übernahm er aber seit 1568 militärische Aufgaben: Er schlug 1569/70 den Aufstand der Morisken in Granada nieder; 1571 diente er der Flotte der Heiligen Liga als Oberbefehlshaber und besiegte bei Lepanto die Türken. Seit 1575 diente er seinem Halbbruder Philipp als Statthalter über die spanischen Besitzungen in Italien, 1576 übernahm er die Generalstatthalterschaft in den Niederlanden. In der Schlacht von Gembloux (31. 1. 1578) schlug Don Juan die aufständischen Niederländer. Er starb im selben Jahr im Feldlager an einer Seuche.

Was nun geschah, ist nicht im Einzelnen belegbar, es gibt auch verschiedene Versionen dieser Geschichte: Escobedo soll, der einen Version zufolge, Pérez eines Tages zusammen mit der Fürstin von Eboli – der Witwe seines früheren Patrons – im Bett vorgefunden und damit gedroht haben, dies dem König zu berichten. Einer anderen Version zufolge entdeckte Escobedo, dass Pérez und die Prinzessin Eboli Staatsgeheimnisse gegen Geld an Spaniens Feinde

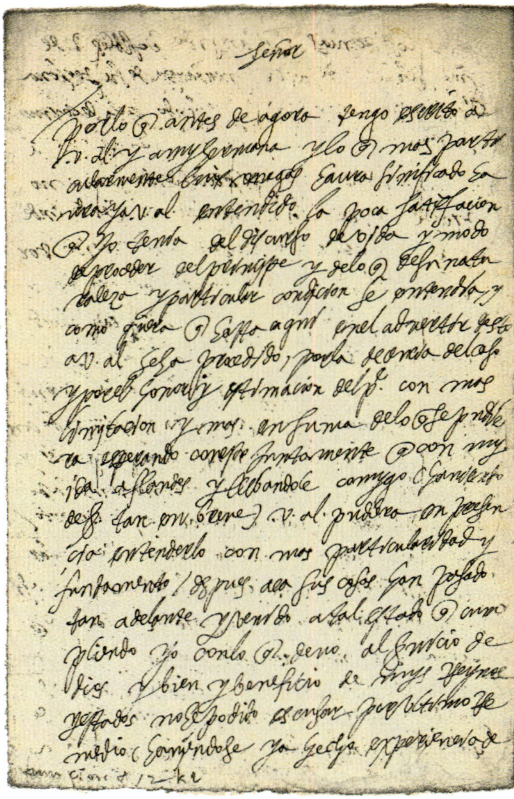

verrieten. Diese Drohungen erschreckten Pérez, und er ließ Escobedo am 31. März 1578 auf dem Weg zu seiner Wohnung, die nur ein paar Straßen vom Madrider Königspalast entfernt war, von Meuchelmördern töten. Bemerkenswert ist, dass man zwar den Leichnam fand, dass aber niemand in den folgenden Monaten nach den Mördern fahndete. Da Escobedo ein Höfling war und Sekretär des Königs, wurde dieser Mordfall von den persönlichen Beamten Philipps untersucht. Zeitgenossen und später auch Historiker haben daraus gefolgert, dass Philipp persönlich hinter dem Mordbefehl steckte und Antonio Pérez ihm dabei nur als Werkzeug diente. Außerdem half Philipp den gedungenen Meuchelmördern zu entkommen, daran scheint wenig Zweifel zu bestehen.

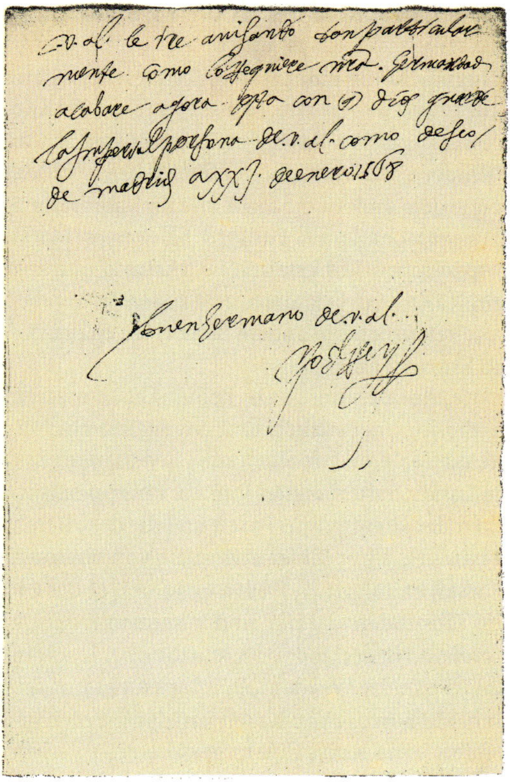

Brief von Philipps eigener Hand an seinen Vetter und zugleich Schwager, Kaiser Maximilian II., vom 21. Januar 1568. Darin informiert Philipp den Kaiser über die beabsichtigte Festsetzung seines Sohnes Don Carlos

Am 25. Juli 1579 bot Philipp Pérez den Posten des spanischen Gesandten bei der Republik Venedig an; aber Pérez wollte ihn nicht annehmen. Am folgenden Tag, als über Madrid ein schwerer Sturm mit Hagelschauer niederging, entschloss sich Philipp, zu handeln: Er ließ Pérez festnehmen. Drei Jahre später fand eine Untersuchungskommission heraus, Pérez habe Bestechungsgelder angenommen und Staatsgeheimnisse verraten. Pérez wurde im Februar 1590 gefoltert und gab zu, die Ermordung Escobedos angeordnet zu haben. Dafür wurde er am 1. Juli 1590 zum Tod verurteilt. Philipp wollte ihn vielleicht zum Schweigen bringen und soll seine Ermordung im Gefängnis befohlen haben.[80]

Die Liebhabereien des Königs

Welchen Dingen schenkte König Philipp am liebsten sein Augenmerk? Und überhaupt, welche Art von Mensch war er? Philipp scheint sehr kühl gewesen zu sein, das haben Zeitgenossen schon früh bemerkt. Die Kinder Karls V. machten einen seltsam kalten Eindruck, keines zeigte dem andern die Liebe, die ihr Vater seinen Schwestern entgegengebracht hatte. Philipps Schwester Maria fand das Leben am spanischen Hof leer und bedrückend und zog sich daraufhin in ein Kloster zurück; doch ihr Bruder Philipp besuchte sie dort nur selten. Auch die andere Schwester, Juana (Johanna), trat in einen Konvent ein.[81]

Andererseits hatte Philipp eine ganze Reihe von Interessen und Liebhabereien, die ihn menschlich und angenehm erscheinen lassen. Er liebte die Malerei, vor allem die Niederländer mit ihren wundervollen Landschaften sagten ihm zu. Philipp begeisterte sich für die Bilder des Hieronymus Bosch und die des älteren Pieter Brueghel. Er hat viele ihrer Bilder erworben, von Hieronymus Bosch alleine besaß er zuletzt 33 Bilder. 1574 ließ er dessen Bildtafel «Die sieben Todsünden» kaufen und in seinem Kabinett aufstellen.[82] Auch andere Niederländer sagten ihm zu, Joachim Patinir etwa oder Rogier van der Weyden, allerdings nicht im gleichen Maße wie Bosch, «El Bosco». Von Rogier van der Weyden gefiel ihm ganz besonders «Die Kreuzabnahme», die er erwerben und von den Niederlanden nach Spanien bringen ließ. Bedeutend weniger vermochte er sich für die italienische Landschaftsmalerei zu begeistern. Von den zeitgenössischen Malern Italiens sagte ihm Tizian zu, der ihn in Augsburg porträtiert hatte. Den Griechen El Greco, der sich zu Philipps Lebzeiten, 1576/77, in Toledo niedergelassen hatte und dort den Rest seines Lebens verbrachte, schätzte er gar nicht, obwohl auch er Philipp auf einem großen Gemälde dargestellt und verherrlicht hat.

Zu Philipps großen Passionen gehörten die Natur und die Naturwissenschaften, auch die Geographie und alles, was mit gerade entdeckten Dingen aus der Neuen Welt zu tun hatte. Philipp nahm großen Anteil daran. In seinem Auftrag bereiste von 1570 bis 1577 der königliche Arzt Francisco de Hernández die Neue Welt und sammelte, in Mexiko und Peru, in Europa unbekannte

Kräuter, vor allem Heilpflanzen. Und der Vizekönig von Peru wurde ermächtigt, Cocakulturen anzulegen, um den indianischen Arbeitern damit zu helfen, Krankheiten besser zu widerstehen.[83]

Philipps jüngere Schwester Juana. Bildnis von Antonio Moro

Die Natur in Gärten nachzubilden fand gleichfalls Philipps Interesse. In dieser Hinsicht wollte er den Niederländern und ihrer reichen Gartenkultur nachstreben. Als Philipp zwischen 1554 und 1559 lange Zeit von Spanien abwesend gewesen war, hatten die Höflinge seine jungen Bäume einfach verkümmern lassen. Daraufhin ließ Philipp eine Gruppe von dreißig niederländischen Gärtnern nach Spanien kommen, weil er wusste, dass sie in der Gartenbaukunst mehr Erfahrung besaßen als seine Landsleute. Philipp liebte den Gartenbau, daher ließ er aus vielen Teilen der Welt Setzlinge in großer Zahl herbeischaffen: 1500 Jasminsträucher und 3000 Myrtensträucher aus Valencia, 1775 Bäume aus Arcos, Orangenbäume aus Plasencia. Er ließ die schönen Gartenanlagen von Aranjuez – wo Friedrich Schillers Schauspiel «Don Carlos» seinen Anfang nimmt – ausbauen; gegen Ende seines Lebens zählten diese weitläufigen königlichen Gärten an die 223 000 Bäume. Dieser große Garten mit dem künstlichen See darin, der groß genug war, dass man 1570 zu Ehren seiner Heirat mit Anna von Österreich eine kleine Seeschlacht nachspielte, war sein ganzer Stolz.

Hier gab es auch einen kleinen Zoo mit Vögeln und exotischen Tieren: Anfangs waren es nur vier Kamele, die Philipp in den 1570er Jahren aus Afrika hatte herbeischaffen lassen; sie wurden auch als Arbeitstiere eingesetzt. Bis zu Philipps Tod hatten sie sich bis auf vierzig vermehrt. Inzwischen spazierten hier auch etliche Strauße umher, aus Afrika eingeführt; Philipp selbst soll sich den Kopf zerbrochen haben, wie man sie in Käfigen halten könnte. An der Casa de Campo bestand ein größerer Zoo mit Elefanten. Im Juli 1582 verkündete Philipp seinen Kindern die Ankunft einer Flotte aus Indien, die weitere Elefanten mitbrachte, und von Rhinozerossen, damals eine Seltenheit in Europa; sogar einige Löwen lebten hier. Eines Tages entkam eine Löwin und richtete einen Höfling sehr schwer zu, während die königliche Familie unweit davon in einer Kutsche saß und hilflos zusehen musste.[84]

So sehr König Philipp die Natur und die Tiere liebte, gegen die Jagd hatte er nichts einzuwenden; nur das unerlaubte Jagen von Tieren, das Wildern, war ihm verhasst. Wilderer wurden streng bestraft. Philipps Jäger verwendeten für die Jagd gemeinhin den Bogen oder die Armbrust. Aber Philipp fand nichts dabei, Rehe mit Netzen zu fangen, in denen sich die Tiere verstrickten, bevor man eine Meute von Jagdhunden auf sie hetzte, die sie sodann in Stücke rissen, während er und seine Familie zuschauten.

Als Herrscher war Philipp auch Mäzen. Er förderte vor allem die jungen Naturwissenschaften. Der König selbst besaß zwar keinerlei mathematisches Talent, aber er ermutigte andere, sich mit diesem komplizierten Fach zu beschäftigen. 1582 gründete er die «Akademie der Mathematik». Dort wurde ausschließlich in spanischer Sprache unterrichtet – nicht in Latein wie an den Universitäten. Zu den hier lehrenden Professoren zählten zeitweise auch Juan de Herrera, der Architekt des Escorial, und Juan Bautista de Labana, ein portugiesischer Geograph. Das Einkommen dieser Gelehrten rangierte zwischen 200 und 400 Dukaten; ein Handlanger auf dem Dorf verdiente seinerzeit weniger als 80 Dukaten im Jahr. 1588 machte Herrera mit Unterstützung des Königs der Cortes von Kastilien den Vorschlag, jede wichtige Stadt in Spanien solle eine eigene Akademie für Mathematik besitzen.

Philipp förderte jedoch auch andere Wissenschaften. 1567 wurde auf sein Geheiß Juan Plaza von der Universität Valencia zum Professor der Botanik ernannt. Er bekam den Auftrag, einen botanischen Garten anzulegen und an 30 Tagen im Jahr zum Botanisieren zu gehen. Wenig später wurde Francisco de Hernández nach Westindien entsandt, um dort Flora und Fauna zu studieren. Er brachte von seiner Reise mehr als 800 Pflanzen mit, die in Europa noch vollkommen unbekannt waren. Diese wurden sorgfältig gepresst und in 18 Bände gebunden, zusammen mit Zeichnungen und wissenschaftlichen Erklärungen. 1582 wurden diese Pflanzenbücher vom Amt für den Rat von Indien an den Escorial übersandt und die Möglichkeit erörtert, diese Zeichnungen drucken zu lassen. Andrucke wurden noch gemacht, aber weiter kam man nicht mehr; 1671 zerstörte ein großer Brand die Unterlagen.

Fremde Dinge hatten es Philipp angetan. Man darf dabei nicht vergessen, dass zu seinen Lebzeiten zwei völlig unbekannte Pflanzen nach Westeuropa kamen, die sich sehr erfolgreich hier ausbreiteten: die Kartoffel aus Südamerika und die Tulpe aus dem Osmanenreich. Die Kartoffel fand in Philipps Spanien auf die Felder, lange bevor sie in Mitteleuropa angebaut wurde. 1575 und 1578 ließ Philipp zwei große Anfragen vornehmen, die dann als «Relaciones topograficas» bekannt wurden. Er ließ Fragebögen drucken, die rund 50 Fragen enthielten, und sie aussenden an jede spanische Gemeinde. Das Ergebnis dieser Umfrage wurde in acht große Register übertragen, die heute noch im Escorial liegen. Sie enthalten wertvolle Informationen über die Örtlichkeiten selbst, ihre Bevölkerung, wirtschaftliche Grundlagen und Geschichte. Ähnliche Erhebungen ließ Philipp sodann auch in der Neuen Welt vornehmen.[85]

Die Naturwissenschaften wurden zu Philipps Lebzeiten noch mit einem anderen Verständnis betrieben als später, und zwischen einer Naturwissenschaft wie der Astronomie einerseits und der auf Weissagung ausgerichteten Astrologie andererseits bestand noch immer keine klare Trennung. Philipp zeigte dem Okkulten gegenüber kein allzu großes Interesse, wenn man ihn neben die Menschen seiner Zeit stellt. Einmal machte er sich offen darüber lustig, dass ein Horoskop für das Jahr 1570 so gröblich danebengegangen war – keine einzige der Voraussagen war eingetroffen –, und er ließ es daher veröffentlichen, um seine Unsinnigkeit zu beweisen. Aber er war auch nicht ganz frei davon, Astrologen nach der Zukunft zu befragen. Er selbst ließ sich im Lauf seines Lebens fünfmal ein Horoskop stellen, dies entsprach einfach dem Geist der Zeit. Auch die Grundsteinlegung für das Hauptgebäude des Escorial am 23. April 1563 und der Grundriss der Basilika darin folgten genauen astronomischen Berechnungen, sodass der König sich sicher sein konnte, dass die Gestirne zu dieser Zeit günstig standen. Philipp schenkte auch allen Versuchen, Gold und Silber aus anderen Elementen herzustellen, große Aufmerksamkeit – dazu waren die Bedürfnisse seines Staates nach mehr Finanzmitteln zu groß, als dass er an diesen Experimenten hätte achtlos vorbeigehen können.[86]

Kulturell war Philipp eher anspruchslos, in seinen Vergnügungen und Zerstreuungen zeigte sein Geschmack viel Ähnlichkeit mit dem seiner bürgerlichen Untertanen. Er liebte die Musik, aber für das Theater hatte er nichts übrig.[87] Zu seinem Hof zählten auch Hofnarren und Zwerge, dann Zauberer, Jongleure und Musikanten in großer Zahl.

Philipps Kinder hingen sehr an einigen dieser Zwerge, und wenn Philipp einer seiner Töchter einen Brief schrieb, vergaß er nicht, eine der Zwerginnen zu erwähnen, weil er wusste, dass seine Tochter wissen wollte, wie es ihr ging.[88] Sie bildeten einen Teil des königlichen Haushalts, der insgesamt an die 150 Personen umfasste. Lange Zeit diente der Herzog von Alba dem königlichen Haushalt als Vorstand.

An Philipps Hof war vieles umständlich, weil es von einem strengen Protokoll diktiert wurde: Kurz zuvor hatte der spanische Königshof, unter Philipps Vater Karl, das ob seiner Förmlichkeit berüchtigte burgundische Zeremoniell übernommen. Philipp selbst war kein großer Freund dieses schwierigen Zeremoniells, er ließ sich lieber mit «Señor» anreden als mit «Magesdat»[89]. Zu Zeiten Philipps II. war es noch möglich, dass der Kammerdiener sein Wort unmittelbar an den König richtete und ihm vielleicht eine Frage stellte – sein Sohn und Nachfolger, Philipp III., hätte dies nicht geduldet. Wenn Philipp im Königspalast von Madrid von einem Raum in den anderen gehen wollte, musste ein Diener oder Quartiermeister vorausgehen, der dem König die Türschlösser aufsperrte, um sie hinter ihm wieder zu verschließen. Er trug auch das Licht vor dem König her, wenn dieser des Nachts in die Schlafgemächer zu seiner Gemahlin zu gehen wünschte. Am nächsten Morgen gab es dann Geflüster bei Hofe. In späterer Zeit war Philipp wenig geneigt, seine ehelichen Pflichten zu erfüllen, daher kam er manchmal sehr spät ins Schlafgemach seiner Gemahlin, fand sie dann bequemerweise schlafend vor und schlich sich wieder davon.

Kirche und Glauben

Glauben und Religion spielten im 16. Jahrhundert, dem Zeitalter der Reformation und Gegenreformation, eine große Rolle, auch für König Philipp II. Gerade im Zeitalter der Glaubensspaltung mit seinen quälenden Ungewissheiten war allenthalben eine neu erwachte glühende Frömmigkeit zu beobachten, geschürt vielleicht von den bedrohlichen Erscheinungen dieser Zeit: vor allem den großen Seuchen – allen voran die Pest mit ihrer hohen Sterblichkeit – und den aus dem Südosten vordringenden Türken und dem nimmer enden wollenden Krieg in den spanischen Niederlanden. «Memento mori», eine Vielzahl von Kunstwerken erinnerte auf Schritt und Tritt die Menschen an ihre Vergänglichkeit und an die Schrecken eines jähen Todes. Diese Erschütterungen mögen die Empfänglichkeit für die Beschäftigung mit dem Jenseitigen noch verstärkt haben. Nicht von ungefähr traten zu Philipps Lebzeiten in Spanien drei Personen auf, die als Nationalheilige in die spanische Geschichte eingehen sollten: Ignatius von

[Aber] einem romantischen Volke [...] war eine Religion angemessener, deren prächtiger Pomp die Sinne gefangen nimmt, deren geheimnisvolle Rätsel der Phantasie einen unendlichen Raum eröffnen, deren vornehmste Lehren sich durch malerische Formen in die Seele einschmeicheln. Einem Volke im Gegenteil, das durch die Geschäfte des gemeinen bürgerlichen Lebens zu einer undichterischen Wirklichkeit herabgezogen, deutlichen Begriffen mehr als in Bildern lebt, und auf Unkosten der Einbildungskraft seine Menschenvernunft ausbildet; einem solchen Volke wird sich ein Glaube empfehlen, der die Prüfung weniger fürchtet, der weniger auf Mystik als auf Sittenlehre dringt, weniger angeschaut als begriffen werden kann. Mit kürzeren Worten: Die katholische Religion wird im Ganzen mehr für ein Künstlervolk, die protestantische mehr für ein Kaufmannsvolk taugen.

Friedrich Schiller: Geschichte des Abfalls der Vereinigten Niederlande von der spanischen Regierung

Loyola, der Gründer des Jesuitenordens, die Mystikerin Teresa von Ávila und Johannes vom Kreuz (Juan de la Cruz), ein Karmeliter. Die Mystikerin Teresa von Ávila wurde zur Patronin Spaniens erhoben, sie ist neben Katharina von Siena die einzige Frau, die von der alten Kirche für würdig befunden wurde, den Titel einer Kirchenlehrerin zu erhalten. Zusammen mit Johannes vom Kreuz hat sie sich um die Erneuerung der spanischen Orden verdient gemacht. Ihre große kirchliche Bedeutung gewann sie als Gründerin des Ordens der Unbeschuhten Karmeliterinnen, «Carmelitas descalzadas», eines nach Reform rufenden Frauenordens; König Philipp half ihr, die Anerkennung dieser Ordensgemeinschaft in Rom durchzusetzen. Dazu musste sie so viele strapazenreiche Reisen auf sich nehmen, dass die Zeitgenossen sie eine «rastlose Vagabundin» nannten. Teresa von Ávila hat sich aber auch in der spanischen Literatur einen Platz erworben: In ihrer Autobiographie «Libro de su vida» gab sie eine Schilderung ihres Seelenlebens; dieses Selbstzeugnis und ihr Buch «El Castillo interior» gelten noch heute in Spanien als Klassiker.

Wichtig war Philipp zunächst der Glaube an Gott und die Unsterblichkeit der Seele. Philipp glaubte, dass Gott sich Tag für Tag in die Angelegenheiten dieser Welt einmischte. Gott beobachtete ihn und nahm Anteil an seinem Tun. Das glaubten damals wohl die allermeisten. Philipp nahm die Religion und alles, was damit zusammenhing, sehr ernst. Religion, das bedeutete für Philipp den römischen Glauben, den Glauben seiner Väter. Für die protestantische, gerade neu entstandene Konfession hatte er nichts übrig, wohl auch keinerlei intellektuelles Interesse daran.[90]

Philipp war zunächst ein religiöser Mensch, Religion und Moral spielten in seinem Leben eine große Rolle. Er hatte strenge Vorstellungen von Moral – auch wenn er sie sich selbst gegenüber nicht im gleichen Maße gelten ließ. Er wachte über die Moral – vor allem die der anderen –, er verstand sich eben nicht nur als Privatmann, sondern auch als Herrscher und beauftragte bei einer Gelegenheit seinen Beichtvater, den Herzog von Feria für seine Spielleidenschaft zu tadeln. Philipp selbst schalt einmal den Vorsitzenden einer seiner Räte, dass er an die Frau eines anderen glühende Liebesbriefe schrieb. Den Herzog von Medellín ließ er dafür bestrafen, dass er in seinem Landhaus in Sünde lebte, wiewohl der

Herzog darauf achtete, dass dies mit größter Zurückhaltung geschah.[91]

Als Staatsmann war Philipp wenig tolerant, allerdings war er doch pragmatisch genug, für die Niederschlagung der kalvinistischen Niederländer auch lutherische Söldner aus Deutschland einzusetzen, die sogar ihre eigenen Feldgeistlichen mitbrachten. Trotzdem zählte Toleranz nicht zu seinen Tugenden und nicht zu denen des Zeitalters.

Philipp war ein gläubiger Mann wie die meisten seiner Zeitgenossen – Ungläubige, Atheisten, sollte man hinzufügen, gab es damals so gut wie überhaupt nicht. Er besuchte jeden Tag den Gottesdienst und empfing viermal im Jahr – das war nicht allzu oft – die hl. Kommunion. Seine Religiosität war wohl eher von konventioneller Art, es war die Religiosität, wie die katholische Kirche sie ihren Gläubigen vorschrieb. Auf Reliquien beispielsweise hielt der König große Stücke. Glaubenszweifel kannte er vermutlich nicht.

Von den Büchern, die in einem Regal an Philipps Bett standen, waren alle bis auf eines religiösen Inhalts. Der Grund mochte sein, dass er oft mit einem Buch seinen Tag beendete, und dies sollte dann etwas Religiöses sein. Die Mönche im Escorial, die ihn fast jeden Tag sahen, beobachteten, dass er gelegentlich beim Beten Tränen vergoss – niemand weiß, weswegen. In der Heiligen Nacht des Jahres 1566, als das große Bauwerk des Escorial gerade erst begonnen worden war, feierte er mit ihnen die Nachtwache in dem erst zur Hälfte vollendeten Chor der Kirche, und sie sahen ihn dasitzen, ohne Kopfbedeckung, in der eisigen Kälte dieser Winternacht.[92]

Ob Philipp den Klagen der Protestanten über die Missstände in der alten Kirche Glauben schenkte, sei dahingestellt; auf jeden Fall versuchte er, sie von solchen Vorwürfen zu bewahren. Der Kirche, der Kirche Spaniens, galt seine Aufmerksamkeit in hohem Maß; er war zugleich ihr oberster Herr, «patronato real» – und dies war ein Amt, das er gern wahrnahm. Wenn es um die Besetzung von kirchlichen Ämtern ging, selbst geringen, schenkte er den einzelnen Kandidaten und ihren Fähigkeiten sein ganzes Augenmerk. Die Erörterung solcher Angelegenheiten mit seinen Sekretären, vor allem mit Mateo Vázquez, nahm oft viele Stunden in Anspruch. Philipp verlangte, dass der Klerus ein hohes Maß an

Ausbildung und Moral mitbrachte, und gerade bei der Sexualmoral war er nicht bereit, bei den Priestern Laxheiten hinzunehmen: Wenn ein Priester sich – im Beichtstuhl oder anderswo – Verfehlungen hatte zuschulden kommen lassen, verlangte er unnachgiebige Bestrafung.[93]

In Spanien waren lange vor Philipps Herrschaftsantritt, schon vor dem Jahr 1500, die monastischen Orden und die Bettelorden unter aktiver Förderung der Katholischen Könige zu Trägern der religiösen und kirchlichen Erneuerung geworden: Spanien hatte damit gewissermaßen die ärgsten Gravamina der Reformation schon beseitigt, ehe anderswo die Protestanten Anstoß nehmen konnten. Spanien besaß einen reformfreudigen Episkopat, und die Salmantizenser mit ihrer Theologie nahmen beträchtlichen Einfluss auf die Entscheidungen des Reformkonzils von Trient.[94] Mit den – im Jahr 1563 verabschiedeten – Beschlüssen dieses großen Reformkonzils war Philipp zwar nicht in jeder Hinsicht zufrieden, weil er stets die Einmischung des Papstes in spanische Angelegenheiten fürchtete, aber Spanien entschloss sich nach eingehenden Beratungen zur Annahme der Konzilsdekrete.[95]

Philipp war ein Freund der religiösen Orden, wollte sich aber die letzte Aufsicht über diese Gemeinschaften gern selbst vorbehalten. So wurde von den älteren Orden der der Zisterzienser 1561 ausdrücklich von der Jurisdiktion des Mutterhauses in Citeaux ausgenommen und dem König unterstellt. Philipp wollte es nicht dulden, dass fremde Souveräne über seine Untertanen innerhalb Spaniens bestimmten. Im Zeitalter der Reformation und der Gegenreformation kam es von katholischer Seite zu neuen Ordensgründungen; die wichtigste Neugründung des 16. Jahrhunderts war der Jesuitenorden. Dieser Orden, durch den im Baskenland geborenen Adligen Ignatius von Loyola in den 1530er Jahren ins Leben gerufen, gelobte dem Papst Armut und Keuschheit und als Drittes – und das war neu – Gehorsam gegenüber dem Heiligen Vater. Auch in ihrer mönchischen Ordensorganisation waren sie streng monarchisch. Das Soldatische ihres Gründers ist daraus nicht mehr wegzudenken. 1541 wurde Ignatius zum Oberen des kleinen Ordens gewählt. Ihr ständiger Sitz war seit 1544 das Professhaus neben dem Kirchlein Santa Maria della Strada in Rom. Dort war die Zentrale des neuen Ordens; er war stark zentralistisch ausgerichtet. Insgesamt waren die Ordensregeln der Jesuiten streng, so streng und diszipliniert wie die geistlichen Exerzitien ihres Gründers. Als Ignatius am 31. Juli 1556 starb, setzten andere sein Werk fort. Die folgenden drei Generäle der Jesuiten waren Spanier. Philipp pflegte lange Zeit gute Beziehungen zu den Jesuiten; erst nach 1580 war er kein Freund der Jesuiten mehr, sie erschienen ihm nun allzu «papistisch». Der an Philipps Hof hoch angesehene Dominikaner Melchior Cano war sogar ein erbitterter Gegner dieses neuen Ordens.[96]

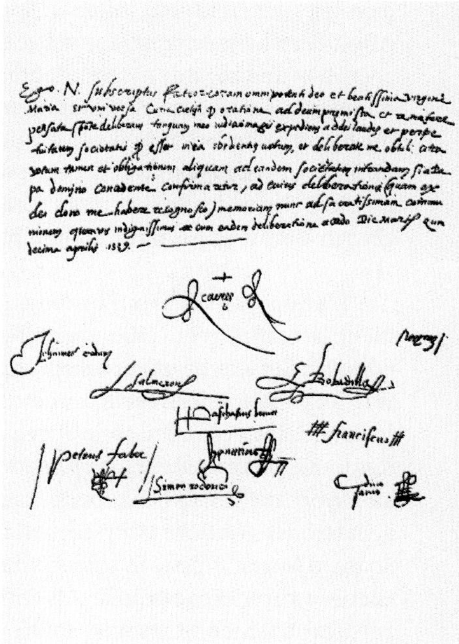

Das Professgelübde des Ignatius von Loyola und seiner fünf Gefährten, 1541

Philipp war der bedeutendste weltliche Fürst seiner Zeit; aber seine Beziehungen zum höchsten geistlichen Fürsten waren nicht die besten. Mit dem Papsttum und seinen irdischen Repräsentanten stieß König Philipp im Lauf seiner gut vierzigjährigen Herrschaft mehrmals zusammen. Man darf nicht vergessen, dass Philipp auch über weite Teile Italiens regierte, in Nord und Süd, und der Papst mit seinem Kirchenstaat für ihn nicht nur kirchliches Oberhaupt war, sondern zugleich weltliches und somit sein Nachbar. Als im Juli 1556 der Herzog von Alba, damals noch unter dem Befehl von Philipps Vater, sich anschickte, von Süden her in den Kirchenstaat vorzustoßen, verhängte Papst Paul IV. gegen Alba, Karl und Philipp die Exkommunikation; er leitete einen förmlichen kanonischen Prozess gegen sie ein. Außerdem strich der Papst die Subsidiengelder, die er Philipp zugesagt hatte und verbot dem spanischen Klerus, fortan in Spanien die Hl. Messe zu feiern. Alba überschritt Anfang September trotzdem die Grenze zum Kirchenstaat und zog mit 12 000 Infanteristen und 1500 Kavalleristen nordwärts, auf seinem Weg brannten seine Soldaten viele Gehöfte nieder, sie plünderten und vergewaltigten päpstliche Untertanen im Kirchenstaat.[97] Das war der erste schwere Zusammenstoß Philipps mit einem der Stellvertreter Christi; weitere, allerdings weniger schwere, folgten, als Philipp selbst auf dem spanischen Thron saß.

Philipp war von den Päpsten enttäuscht, sie erschienen ihm nicht tatkräftig genug, die überfälligen Reformen an Haupt und Gliedern der Kirche anzupacken. Papst Paul IV. (reg. 1555–1559) war ungemein selbstherrlich und entmutigte viele Reformer. Er hielt alle abweichenden Meinungen für ketzerisch und ließ selbst Kardinäle einsperren.[98] Philipp gehorchte den Päpsten keineswegs aufs Wort; mehrmals behauptete er, er habe göttliche Eingebungen gehabt oder göttliche Aufträge erhalten, denen er mit Blick auf Spanien folgen müsse. Ein solcher lautete, England für den alten Glauben zurückzugewinnen. Als Philipp 1580 die Herrschaft über Portugal übernehmen sollte, stellte sich Papst Gregor XIII. (reg. 1572–1585) gegen ihn, und auch Sixtus V. (reg. 1585–1590) verweigerte ihm seine Unterstützung bei der Invasion Englands. Insgesamt war Philipp also keineswegs ein Parteigänger der Päpste. Daher hat Philipp, wenn es um die Wahl eines neuen Papstes ging, stets versucht, auf das Kardinalskollegium Einfluss zu nehmen und einen ihm genehmen Kandidaten durchzusetzen.[99]

Wenn König Philipp indes den Eindruck hatte, dass der Papst sinnvolle Dinge anordnete, dann befolgte er sie auch. Die Kalenderreform Papst Gregors XIII. war eine solche Reform, die Philipp gut hieß und in seinem Herr-

Gregor XIII., Papst, eigtl. Ugo Boncompagni, *1. 1. 1502 Bologna, † 10. 4. 1585 Rom. Er studierte in Bologna die Rechte, erwarb die akademischen Grade und hielt von 1531 bis 1539 juristische Vorlesungen. Danach trat er in die Dienste der Kurie und gewann große Erfahrung in der Verwaltung und der päpstlichen Diplomatie. 1565 wurde er zum Kardinal ernannt. Als Papst, seit 1572, förderte er die Erschließung der römischen Katakomben, er vergrößerte die Vatikanische Bibliothek und richtete eine eigene Druckerei für orientalische Texte ein; er ließ das kanonische Recht neu fassen und erneuerte den veralteten Julianischen Kalender.

schaftsbereich sogleich durchführte: Wissenschaftliche Astronomen hatten seit langem bemerkt, dass der Kalender im Lauf der Zeit um rund zehn Tage vom Sonnenlauf abgewichen war, weil das von Julius Cäsar eingeführte Kalenderjahr mit seinen 365 Tagen und einem Schalttag um elf Minuten und vierzehn Sekunden zu lang war. Sie hatten daher verlangt, diese zehn Tage auszulassen und in allen einfach durch hundert teilbaren Jahren (wie 1700, 1800) auf den Schalttag zu verzichten, nicht jedoch in den durch vierhundert teilbaren (wie 1600, 2000). Daraufhin verfügte der Papst, vom 4. Oktober 1582 sogleich auf den 15. Oktober vorzurücken. Diese Reform erwies sich jedoch in Europa als schwierig durchzuführen, denn inzwischen waren viele Regionen von Rom abgefallen und wollten die Neuerung nicht einführen, weil sie ihnen als «papistisch» galt. Am einfachsten war die Kalenderreform in den jungen Staaten Westeuropas durchzuführen, in Ländern wie Spanien und Frankreich, die von Staats wegen nur eine Konfession anerkannten und eine relativ starke Zentralmacht besaßen. Spanien und Portugal, die seit 1580 von ein und demselben Herrscher regiert wurden, von König Philipp II. nämlich, stellten bereits im Oktober 1582 den Kalender um, indem sie vom 4. auf den 15. überwechselten, wie es der Papst verlangt hatte. Die nördlichen Niederlande vollzogen den Sprung vom 14. auf den 25. Dezember, und die spanischen Niederlande – die sich bereits im Aufruhr gegen die spanische Krone befanden – machten den Schritt im folgenden Jahr, vom 11. auf den 22. Februar 1583; derweil eine Provinz, Holland, schon zur Jahreswende vom 1. auf den 12. Januar 1583 übergewechselt war.[100] Auch die Neue Welt, soweit sie von Philipps Spanien regiert

Das Jahr des Julianischen Kalenders mit seinen 365 ¼ Tagen war um 11 Minuten und 14 Sekunden länger als das Sonnenjahr, daher forderten bereits einige mittelalterliche Gelehrte eine Kalenderreform. Papst Gregor XIII. ließ sich die Ansichten der großen Mathematiker vortragen, z. B. den Entwurf eines verbesserten Kalenders von Luigi Giglio und dessen Bruder Antonio. Gregors Kommission zur Erneuerung des Kalenders stand der Bischof Tommaso Giglio vor; später wurde dieser durch Kardinal Sirleto ersetzt. Dieser Kommission gehörten auch die Mathematiker Ignazio Danti an, der Bamberger Jesuit Christoph Clavius und der Patriarch von Antiochien, Ignatius. Gregor unterzeichnete am 24. 2. 1582 die Bulle «Inter gravissimas», sie verlangte, die Kalenderreform im folgenden Oktober (1582) vorzunehmen.

wurde, schloss sich der Reform an. Nach der Gründung von englischen Kolonien in Nordamerika ergab sich die paradoxe Situation, dass das protestantische Nordamerika dem veralteten Julianischen Kalender folgte, der im 16. und 17. Jahrhundert um zehn und im 18. Jahrhundert sogar um elf Tage hinter dem Gregorianischen hinterherhinkte. Das blieb so bis 1752, als England endlich nachzog. In Deutschland war es – bis zum Jahr 1700 – ganz ähnlich, die Protestanten folgten dem alten, die Katholiken dem neuen Kalender.[101]

Das Problem der Ketzerei und der Inquisition berührte gleichfalls den Glauben, freilich nicht ausschließlich: Staatliche Kontrollen über geistige wie gesellschaftliche Entwicklungen waren in dieser Zeit allgemein üblich, und Angriffe auf die christliche Weltanschauung galten als schlimmere Vergehen als Diebstahl oder sogar Mord, denn sie zerstörten die Grundlagen, den inneren Zusammenhalt einer Gesellschaft. Aus dem gleichen Grund mied man auch jeden Umgang mit Andersgläubigen.

Die Inquisition war ursprünglich eine kirchliche Einrichtung; in Spanien wurde ihre Einführung auf dem Reichstag in Toledo 1480 beschlossen. Sie überließ Folter und Exekution dem Staat. Unter Philipp entstand ein eigenes Ministerium, das für die Inquisition zuständig war. Die Inquisitoren, zuvor Theologen, waren jetzt zumeist Juristen im Staatsdienst.[102] Verfolgt wurden vor allem die Protestanten, von denen es kleine Minderheiten in Spanien gab, Lutheraner vor allem, und die vom Islam zum Christentum übergetretenen Personen, die Morisken, und die – oft nur scheinbar – zum Christentum konvertierten Juden. Wo es, wie in Granada, viele Morisken gab, richteten sich die Schnüffeleien der Inquisition weit häufiger, als man aufgrund ihres Bevölkerungsanteils annehmen dürfte, gegen diese Neuchristen.[103]

Noch zu Zeiten Karls V., anno 1545, ließ die Inquisition in Spanien erstmals einen Index der verbotenen Bücher erstellen. Der römische Index von 1559 erlangte in Spanien keine Gültigkeit; die spanischen Behörden erließen im selben Jahr ein neues, strengeres Verzeichnis verbotener Schriften. Trotzdem wurde zum Beispiel das 1543 erschienene Werk des Kopernikus in Spanien nicht auf den spanischen Index gesetzt, sein Besitz blieb erlaubt. Seit 1558 war es in Spanien verboten, unautorisierte Bücher

Der Traum Philipps. Allegorie auf die Heilige Liga, unten, kniend, König Philipp. Gemälde von El Greco, 1577–79

aus dem Ausland einzuführen und zu verbreiten. Fortan mussten alle in Spanien gedruckten Bücher durch den Rat von Kastilien zugelassen werden, und es ergingen Verfügungen, dass spanische Studenten künftig nicht mehr im Ausland studieren durften – hatte sich doch in diesen Jahren unmittelbar nördlich der Pyrenäen der reformatorische Glaube Calvins ausgebreitet.[104]

Der 1559 durch das Heilige Officium unter Federführung des Großinquisitors Fernando de Valdés erstellte «Index librorum prohibitorum» für Spanien war streng; er verbot selbst Werke von Autoren, die später von der katholischen Kirche heilig gesprochen wurden. Die nächste Fassung des spanischen Index erschien bereits 1583, sie war bedeutend systematischer als die erste. Die Inquisition stellte immer neue Verbote auf, und die spanische Gesellschaft folgte ihr. 1576 erklärte die Universität Salamanca das Studium der Anatomie für unchristlich und untersagte künftig den Unterricht in diesem Fach.[105]

König Philipp unterstützte in seinem Herrschaftsbereich die Tätigkeit der Inquisition. Er übernahm mehrmals bei Autodafés persönlich den Vorsitz: im Oktober 1559 in Valladolid, im Februar 1560 in Toledo, im Februar 1564 in Barcelona, 1582 in Lissabon und im Februar 1591 in Toledo. Anlässlich des großen Autodafés von Valladolid im Oktober 1559 schwor die königliche Familie öffentlich, den christlichen Glauben zu schützen und die Autorität der Inquisition in allen Dingen zu stärken.

Im 17. Jahrhundert – also nach Philipps Tod – gab es im gesamten spanischen Herrschaftsbereich 21 Inquisitionsgerichte, davon waren 15 in Spanien und sechs in seinen überseeischen Reichsteilen. In den einhundertfünfzig Jahren zwischen 1550 und 1700 saßen diese 21 Inquisitionsgerichte über etwa 150 000 Fälle zu Gericht, manchmal waren dabei mehrere Personen angeklagt. Insgesamt wurden während der Regierungszeit Philipps wohl an die 40 000 Menschen gerichtet, also etwa 1000 im Jahr. Die Anklage lautete zumeist auf religiöse Abweichung, ein wesentlich kleinerer Teil der Verbrechen – vielleicht ein Sechstel oder Siebentel – betraf Verbrechen wie Bigamie, Homosexualität oder Ehebruch. Derlei Delikte standen damals allenthalben unter Strafandrohung.[106]

Die königliche Familie

Nach dem Tod Maria I. Tudor war Philipp im Alter von 31 Jahren zum zweiten Mal Witwer geworden. Der König musste sich wieder verheiraten, nicht zuletzt aus dynastischen Gründen; er hatte nur einen Sohn, Don Carlos, und dieser war krank. Philipps Spanien war seit dem Frieden von Cateau-Cambrésis (1559) mit Frankreich versöhnt, die langen Kriege zwischen Habsburg und Valois waren zu Ende – und Philipp dachte daran, der Eidam des französischen Königs zu werden. Er nahm eine Prinzessin aus dem französischen Königshaus zur Frau, Elisabeth von Valois, die man in Spanien zumeist «Isabella» nannte. Die Vereinbarung darüber erfolgte bereits in den ersten Apriltagen 1559. Am 22. Juni desselben Jahres vermählte sich in Paris der Herzog von Alba – in seiner Eigenschaft als Stellvertreter seines Königs – «per procurationem» mit der fünfzehnjährigen Elisabeth von Valois.

Elisabeth von Valois, die dritte Gemahlin König Philipps. Bildnis von Sofonisba Aguisciola, um 1565

Dieser Ehe war eine etwas längere Dauer beschieden, sie währte acht Jahre, und im Verlauf dieser Zeit war Elisabeth fünfmal schwanger; doch gebar sie nur zwei lebensfähige Kinder, die Infantinnen Isabella und Catalina. Die anderen Leibesfrüchte gingen vorzeitig ab oder kamen tot zur Welt.

In der Frühen Neuzeit, ja sogar bis weit in das 19. Jahrhundert hinein, war die Säuglings- und Müttersterblichkeit sehr hoch, und nicht wenige Fürstenhäuser starben aus, nicht weil die Eheleute unfruchtbar waren, sondern weil die Kinder frühzeitig starben. Philipp hatte bereits zwei Ehefrauen verloren, als er sich mit Elisabeth von Valois vermählte. Es heißt, er habe sich gegenüber seiner sehr jungen Frau zurückhaltend gezeigt, weil er fürchtete, sie könne schwanger werden und die Folgen des Kindbetts nicht überleben, wenn er ihr beiwohnte. Der venezianische Gesandte am spanischen Hof berichtete, Philipp habe aus diesem Grund andere

Frauen aufgesucht.[107] Das war nicht ungewöhnlich für spanische Verhältnisse. Philipp hatte wenigstens dreimal außereheliche Liebschaften, vielleicht auch noch häufiger, und es gingen auch Kinder aus diesen Verbindungen hervor.

Philipps dritte Ehefrau, Elisabeth, brachte – nach zwei Fehlgeburten – am 12. August 1566 im Schloss Valsaín ein lebensfähiges Kind zur Welt, ein Mädchen. Es wurde zu Ehren der Tagesheiligen Klara auf den Namen Isabella Clara Eugenia getauft; Eugen war der Name eines früheren Erzbischofs von Toledo, der in Spanien hohe Verehrung genoss. Allerdings zeigte sich auch bei ihr das schreckliche Gespenst des Kindbettfiebers, und die Königin wäre ihm beinahe erlegen.

Die Königin erholte sich nur langsam von Schwangerschaft und Entbindung, war dann allerdings schon bald wieder guter Hoffnung. Am 6. Oktober 1567 schenkte sie erneut einem Mädchen das Leben, Catalina Micaela. Philipp war um diese Zeit sehr stark mit dem Aufruhr in den Niederlanden beschäftigt, kam aber zur Geburt an das Bett seiner Gemahlin.[108]

Im folgenden Mai, 1568, war Elisabeth schon wieder guter Hoffnung. Diesmal gesellten sich viele Komplikationen hinzu, vor allem Schlaflosigkeit und Schwermut, die mit vielen Tränen verbunden war. Ihre spanischen Ärzte verabreichten die alten Mittel: Klistiere und Aderlässe. Am 3. Oktober hatte die Königin

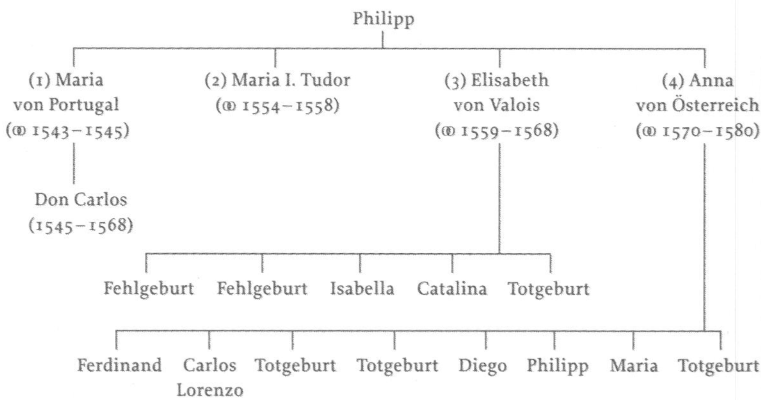

eine Fehlgeburt, es war ein Mädchen. Philipp verbrachte viel Zeit an ihrem Krankenlager und ließ an ihrem Bett die Heilige Messe lesen. Am Tag darauf starb sie. Als die Königin zu ihrer Bestattung hergerichtet wurde, trug Philipp das Habit eines Franziskaners, weil sie am Tag des hl. Franziskus gestorben war. Er nahm ihren Tod zum Anlass, sich für zwei Wochen in das Kloster des hl. Jeremias in Madrid zurückzuziehen. Er wollte nichts und niemanden sehen in diesen Wochen – keine Staatspapiere, keine Minister, keine Gesandten. Er blieb bei den Mönchen, die für seine verstorbene Gemahlin die Heilige Messe sangen.[109]

Philipp war ein guter, treu sorgender Vater. Er schrieb seinen Kindern zärtliche Briefe, darin schilderte er, was er auf seinen Reisen zu sehen bekam, beispielsweise die Schiffe auf dem Tejo, als er einmal für längere Zeit in Portugal weilte. Er erkundigte sich, wenn er unterwegs war, stets danach, was die Kinder in seiner Abwesenheit machten. Diese Briefe zeigen ihn zugleich als einen etwas einfachen, vielleicht selbst ziemlich kindlich gebliebenen Menschen. In seinen Briefen kam Philipp auch auf die Religion und die religiöse Erziehung seiner Kinder zu sprechen. Und er legte ihnen häufig auch etwas bei, worüber sie sich freuen konnten: exotische Früchte aus Übersee oder seltene Blumen, mit denen sie vertraut werden sollten. Einmal berichtete er den Kindern in einem Brief von der Reise, wie er bei einer Seefahrt beinahe ins Wasser gefallen wäre. Wenn die Kinder das Bett hüten mussten, erkundigte er sich nach ihrem Wohlbefinden und den gesundheitlichen Fortschritten. Als Catalina an den Pocken litt, wollte er wissen, ob die Pocken in ihrem Gesicht tiefe, sichtbare Narbenkrater hinterlassen hätten. Er wusste gut Bescheid über das Alter seiner Kinder und die körperlichen Erscheinungen der Mädchen: So sagte er einmal, dass das Nasenbluten, an dem Catalina häufig zu leiden hatte, wohl aufhören werde, sobald sie ihre Periode bekam – *die sich nun bald einstellen sollte*, fügte er hinzu.[110]

Auch über die Bildung seiner Kinder machte er sich Gedanken. Philipp liebte die Musik und verlangte, dass seine Kinder ein Instrument lernen sollten. Im königlichen Haushalt gab es seit langem eine Laute, und zwei seiner Töchter lernten sie zu spielen. Philipp besaß eine ganze Reihe von Musikinstrumenten, und er hatte selber ein Ohr für die Musik. In einem der Briefe bat er seine

Philipps Töchter Catalina Micaela und Isabella Clara Eugenia 1568. Gemälde von Alonso Sanchez Coello

Töchter, ihrem Halbbruder, dem Prinzen Diego, das Tanzen beizubringen, so lange er, der König, abwesend sei.[111]

Philipp empfand, vor allem in späteren Jahren, große Liebe zu seiner Familie und hielt sich gern in ihrer Mitte auf. Nach dem Tod seiner vierten Frau Anna (1580) begann er mit seinen Töchtern zu speisen. Nach 1585, als seine geliebte Catalina Spanien verlassen hatte, um sich mit Herzog Karl von Savoyen zu vermählen, aß der König oft allein mit seiner Tochter Isabella, und sie saß bisweilen auch neben ihm, während er an seinem Schreibtisch seinen Tätigkeiten nachging, indem sie die Tinte trocknete oder ihm Papiere reichte.

Als Elisabeth 1568 gestorben war, blieben Philipp neben seinem ältesten Sohn, Don Carlos, nur noch zwei Kinder aus der Ehe mit Elisabeth, Isabella und Catalina. Für Elisabeth, wie auch für seine vierte und letzte Frau, Anna von Österreich, mit der Philipp seit 1570 verheiratet war, empfand der König große Zuneigung und zeigte seine Zärtlichkeit auch öffentlich, obwohl seine Gefühle seinen Ehefrauen gegenüber immer mehr die eines Vaters wurden, nicht die eines Gatten, je älter er wurde.

In Philipps letzter Ehe kamen noch einmal fünf Kinder lebend zur Welt, darunter mehrere Söhne, die Philipp zwar zunächst sehr viel Freude bereiteten, allerdings dann auch sehr viel Leid. Insgesamt setzte der König in seinen vier ehelichen Verbindungen zwischen 1545 und 1578 acht Kinder in die Welt, von denen vier das gefährliche Säuglingsalter und die Kindheit überlebten, nur vier erreichten ihren zehnten Geburtstag. Als Philipp im Alter von 71 Jahren starb, waren von diesen acht Kindern nur noch zwei am Leben: Isabella und sein Nachfolger Philipp. Vier Söhne – Carlos, Ferdinand, Carlos Lorenzo und Diego – und zwei Töchter – Maria und Catalina – waren schon gestorben, als ihr Vater das Zeitliche segnete.

Im Sommer 1575 starb Philipps dritter Sohn aus der vierten Ehe, Carlos Lorenzo. Annas nächste Schwangerschaft endete mit einer Totgeburt. Der folgende Sohn, Diego, war eine Frühgeburt. Als er geboren wurde, war Philipps ältester Sohn aus dieser Ehe, Ferdinand, schwer erkrankt, an einer Dysenterie – gerade diese Krankheit trat unter Säuglingen häufig auf und riss viele von ihnen in den Tod. Er erholte sich zwar, starb aber drei Jahre später, 1578, im Alter von sieben Jahren.

Auch Diego wurde nicht alt, er vollendete nicht enmal die Jugendjahre. Er zog sich im November 1582 die Pocken zu und starb daran, sodass König Philipp II., damals zum vierten Male Witwer, im Alter von 55 Jahren – und nach vier Ehen – nur noch ein einziger seiner Söhne geblieben war, der kränkliche Sohn Philipp. Auch die Tochter Catalina überlebte den Vater nicht: Sie war eine der Töchter seiner dritten Ehefrau Elisabeth von Valois und starb 1597. Der Siebzigjährige brach zusammen, als er von ihrem Ableben erfuhr. Er soll geheult und gebrüllt haben in einer Weise, wie man es niemals zuvor bei diesem so beherrschten und zurückhaltenden Mann erlebt hatte. Er wütete gegen ein Unglück, gegen das auch die Herren dieser Welt machtlos waren.[112]

Philipp war seit 1570 in vierter Ehe mit Anna von Österreich verheiratet; nach dem Tod seiner geliebten Elisabeth war er diese dynastisch günstige Verbindung mit einer engen Verwandten

Anna von Österreich, Philipps vierte und letzte Gemahlin. Zeitgenössisches Porträt von Claudio Coello

eingegangen: Anna war seine Nichte, eine Tochter aus der Ehe zwischen Philipps Schwester Maria und dem Habsburgerspross Maximilian II. Anna überwachte mit ihm zusammen die Erziehung seiner Töchter Isabella (geb. 1566) und Catalina (geb. 1567), die beide Töchter der Elisabeth waren. Anna, die wesentlich jünger war als er, schenkte ihm in zehnjähriger Ehe weitere sieben Kinder, davon kamen zwei tot zur Welt. Die Geburt des ersten dieser Kinder war ein großes Ereignis, denn es war der erste Sohn seit der Geburt des – inzwischen gestorbenen – Don Carlos ein Vierteljahrhundert zuvor. Anna starb im Oktober 1580: Nun war er im Alter von 53 Jahren zum vierten Mal Witwer, er blieb es bis zu seinem eigenen Tod.

Die Tragödie des Don Carlos

Besonders tragisch verlief die Geschichte von Philipps erstgeborenem Sohn Don Carlos. Um das Leben dieses jungen Menschen ranken sich vielerlei Geschichten, Dichtung und Wahrheit, und gerade die Deutschen haben durch ihren großen Dichter-Historiker Friedrich Schiller ein stark von Legenden durchsetztes Bild erhalten, das es zu revidieren gilt. Wer war also Don Carlos und worin bestand diese Tragödie?

Zweifellos war Don Carlos erblich sehr schwer belastet, denn unter seinen Ahnen waren Ehen unter Blutsverwandten und schwere Geisteskrankheiten seit langem verbreitet. Der Ahnenschwund hatte im spanischen Hochadel beträchtliche Ausmaße angenommen – und dies, obwohl in der königlichen Familie mehrmals Geisteskrankheiten aufgetreten waren: Statt der üblichen sechzehn Ururgroßeltern hatte Don Carlos nur sechs. Pathologische Erbanlagen waren dem Jungen von beiden Seiten zugeflossen, von der Urgroßmutter väterlicher- und mütterlicherseits, Johanna der Wahnsinnigen (Juana la Loca), und von seiner geisteskranken Großmutter väterlicherseits. Johanna die Wahnsinnige wurde fast ein halbes Jahrhundert lang wie eine Verrückte gehalten: Von 1506 bis zu ihrem Tod im Jahr 1555 war sie in Tordesillas eingesperrt, und auch Isabella von Portugal beendete ihre Tage 1496 in einem Gefängnis mit anderen Geisteskranken in Schloss Arévalo. Don Carlos war also, wie auch seinem Vetter Sebastian von Portugal, gleich von beiden Familienseiten das Erbe schwerer Geisteskrankheiten zuteil geworden.[113]

Der junge Don Carlos war geistig und körperlich behindert: Das eine Bein war kürzer als das andere, ein Buckel verunstaltete den Jungen; er litt an Epilepsie und ungeklärten Fieberanfällen. Sehr früh zeigte sich bereits, dass Carlos ein schlechter Schüler war. Trotzdem fiel der Knabe nicht allzu sehr auf, bis 1554, als er neun Jahre zählte und sein Vater nach England aufbrach. Bis dahin scheint sich Philipp sehr um seine Erziehung gekümmert zu haben, er nahm ihn auch zum Fischen und Jagen mit. Allerdings konnte sich Philipp dann lange Zeit nicht mehr viel um die Erziehung seines Sohnes bemühen, denn von 1548 bis 1551 war er außer Landes und dann noch einmal von 1554 bis 1559, also fast während der ganzen Kindheit des Knaben. Aber es ist mehr als fraglich, ob eine starke Vaterhand dem eigentlichen Übel hätte abhelfen können, denn Don Carlos war geistig nicht normal.

Im Oktober 1558 berichtete der Erzieher des Prinzen, Honorato Juan, dem König, dass er außerstande sei, dem Jungen etwas beizubringen. Einer von Philipps Ministern meinte, «Habsburgerkinder seien immer Spätentwickler»[114]. Aber das Problem scheint doch bedeutend größer gewesen zu sein: Seit 1560 erlitt Don Carlos immer wieder Anfälle von Fieber, die vielleicht auf Malaria zurückgingen, eine im Mittelmeerraum damals weit verbreitete Krankheit, die auch seinen Vater und dessen Vater gequält und deren Gesundheit untergraben hatten.

Im Jahr 1562, als der siebzehnjährige Carlos an der Universität von Alcalá de Henares studierte, stürzte er eines Tages eine steile Treppe hinunter und zog sich schwere Kopfverletzungen zu. Eine Zeit lang konnte er nicht mehr sehen, und der Hof zog den berühmten flämischen Arzt und Anatomen Andreas Vesalius hinzu, der eine Schädeltrepanation vornahm und ihm damit das Leben rettete. Es dauerte ein halbes Jahr, ehe Carlos wieder laufen konnte; seine Persönlichkeit soll nach diesem Sturz stark verändert gewesen sein. Baron Dietrichstein, der kaiserliche Gesandte in Madrid, bemerkte, dass Don Carlos in mancher Hinsicht einen völlig normalen Eindruck machte; doch in anderen Situationen benahm er sich plötzlich wie ein kleines Kind. Und er wurde aggressiv. Eines Tages warf er einen Pagen, der ihn geärgert hatte, zum Fenster hinaus. Einen von Philipps Ministern griff er mit einem Dolch an, und er ging auch mit Pferden brutal um.[115]

Die Dinge wurden nicht besser, als Don Carlos langsam alt genug wurde, um als Prinz in verantwortliche Stellungen aufzurücken. Aber Philipp sperrte sich dagegen, Carlos Verantwortung übernehmen zu lassen, und schloss ihn sogar von der Thronfolge aus.[116] Als Don Carlos 1567 davon erfuhr, unternahm er mehrere Versuche, nach Italien zu entkommen. Dabei verließ er sich auf einen Halbbruder seines Vaters, Juan d'Austria, den er in seine Pläne eingeweiht hatte. Don Carlos trug nun ständig einen Dolch mit sich herum; seinem Beichtvater vertraute er an, er wolle «einen Mann töten». König Philipp hatte Grund zu glauben, dass er dieser Mann sei.[117]

Nun erteilte der König den Archivaren den Auftrag, sich nach Präzedenzfällen umzusehen, wo ein spanischer König sein eigen Fleisch und Blut unter Arrest gestellt hatte. Sie stießen auf einen Prinzen Karl von Viana, der von seinem Vater, Johann II. von Aragón, tatsächlich enterbt worden und einige Monate später in Verwahrung gestorben war. Dieser Fund wurde dem jungen Prinzen gegenüber geheim gehalten. Am 18. Januar 1568 ließ Philipp Don Carlos festnehmen und im Turm des Schlosses von Arévalo einsperren – in demselben Turm, in dem auch seine Urgroßmutter

König Philipp II., umgeben von drei seiner Ehefrauen und seinem Sohn Don Carlos. Statuen von Pompeo Leoni in der Klosterkirche im Escorial

Johanna lange Zeit verwahrt gewesen war. Der Kapitän der königlichen Garde, der Herzog von Feria, hatte ihn zu bewachen. Natürlich war die Haft nicht geeignet, die seelische Gesundheit des jungen Fürsten zu verbessern, im Gegenteil. Don Carlos weigerte sich, etwas zu sich zu nehmen, und magerte stark ab. Er verschluckte Gegenstände, auch einen Ring mit einem Diamanten. Sein Vater, den in dieser Zeit der Aufstand in den Niederlanden beschäftigte, machte sich große Sorgen. Im Mai desselben Jahres schrieb Philipp einen Brief an Papst Pius V., in dem es heißt, *es ist Gottes Wille, daß der Prinz solch große und zahlreiche Defekte aufweist, die teils geistiger Natur sind, teils seiner körperlichen Behinderung zuzuschreiben sind*[118].

Ein halbes Jahr nach seiner Inhaftierung starb Don Carlos unerwartet am 24. Juli 1568. Philipp ordnete eine allgemeine Trauer von einem Jahr Dauer an.

War Philipp schuld am Tod seines Sohnes? Hat er gar seine Ermordung befohlen? Das ist nicht anzunehmen. Ein Jahr nach

Carlos' Tod, 1569, schrieb Philipp an seinen obersten kirchlich Berater, Kardinal Diego de Espinosa, und dieser Brief zeigt deutlich, in welcher tiefen Depression er sich befand. Er berichtete dem Kirchenmann von seinem Wunsch, sein Amt als König aufzugeben.

Spanische Muslime und Juden

Zu Beginn des 8. Jahrhunderts waren von Nordafrika her Muslime nach Westeuropa vorgedrungen und hatten sich auf der Iberischen Halbinsel niedergelassen. Seit dem 10. Jahrhundert drängten nun ihrerseits die Christen in einem großen Unternehmen – der Reconquista – die Muslime nach Süden zurück; Ende des 15. Jahrhunderts war diese Entwicklung im Wesentlichen abgeschlossen. Doch gab es zu Zeiten König Philipps immer noch eine beträchtliche Anzahl von ihnen in den Ländern der spanischen Krone, vor allem im Süden und Südosten. Diese Muslime waren Nachkommen der einstigen Eroberer Spaniens – und Glaubensfremde überdies –, eine unerwünschte, gleichwohl aber bislang geduldete Minderheit.

Die Toleranz der spanischen Christen gegenüber den Muslimen nahm ab, als sich im frühen 16. Jahrhundert im westlichen Mittelmeer immer häufiger türkische Schiffe zeigten und Spanien befürchten musste, dass die muslimischen Mitbewohner ihres Landes, ihre Nachbarn also, gemeinsame Sache mit den osmanischen Türken machen könnten. Es kommt noch hinzu, dass die muslimischen Spanier sich rascher vermehrten als die christlichen, denn die christlichen Spanier folgten schon damals, so scheint es, dem Brauch des späteren Heiratens – dies eine typisch europäische Erscheinung –, während die Muslime sich frühzeitig verehelichten und Kinder in die Welt setzten.

Neben den Muslimen gab es in Spanien, wie fast überall in Europa, eine jüdische Minderheit. Sie war in Spanien «die älteste, zahlenmäßig größte und am längsten geduldete jüdische Minderheit im mittelalterlichen Europa»[119]. Im Königreich Kastilien machten die Juden am Ende des 13. Jahrhunderts vier bis fünf Prozent der Bevölkerung aus. Aus England wurden die Juden bereits

1290 ausgewiesen, und aus Mitteleuropa verschwanden sie so gut wie völlig zwischen dem ersten Auftreten der Pest im Spätmittelalter (1348/49) und der Reformation, vertrieben von ihren christlichen Obrigkeiten. Nicht so aus Spanien, hier blieben sie noch lange eine Minderheit, wiewohl eine nicht beliebte. Im Jahr 1492, als mit Granada die letzte maurische Bastion auf spanischem Boden von den Christlichen Majestäten erobert wurde, lebten rund 200 000 Juden in Spanien: Sie wurden nun dem Druck ausgesetzt, Christen zu werden, und etwa ein Viertel von ihnen ließ dies mit sich geschehen; etwa die Hälfte der 200 000 wanderte nach Portugal aus, wo der Druck auf sie vorläufig weniger groß war.[120] Nach der Rückeroberung Granadas nahm der Anteil der Muslime und der Juden an der spanischen Bevölkerung zu, denn sie hatten sich gerade hier im äußersten Süden niedergelassen. Die Nichtchristen machten um das Jahr 1500 etwa ein Sechstel der gesamten Bevölkerung Spaniens aus.

König Philipp mochte die Juden nicht; sein Antisemitismus dürfte zuallererst religiöse Gründe gehabt haben: Die Juden hatten Christus ans Kreuz geschlagen. Selbst seine Feindseligkeit gegenüber anderen Erscheinungen seiner Welt – etwa dem Protestantismus – fand hier ihre Grundlage: Philipp behauptete nämlich, *alle Ketzereien in Deutschland, Frankreich und Spanien wurden von Nachkommen der Juden gepflanzt*[121].

Lange bevor Philipp den Thron bestieg, gab es in Spanien, mit Ausnahme von Galizien im Nordwesten und der kantabrischen Küste im Norden, schon Morisken – so nannte man die Mauren, die vom Islam zum Christentum übergetreten waren. Ihr Übertritt geschah nicht immer aus freien Stücken. Die größten Gemeinden von Morisken bestanden im Königreich Aragón, vor allem in Valencia und in Granada. Nach der Eroberung von Granada wollten die spanischen Herrscher die Mauren auf spanischem Boden christianisieren; im Verlauf der Reconquista – die ja eine Art Kreuzzug war – ging die Duldung fremder Religionen immer mehr zurück. Andersgläubige sollten zum Christentum bekehrt werden. Aber es ging um mehr als nur um den Glauben an Gott, es ging auch darum, dass die maurischen Bewohner des Landes andere Sitten und Gebräuche hatten – und Spanien jetzt stärker die Einheit suchte.[122]

Als Philipp den Thron bestieg, lebten in ganz Spanien etwa 400 000 Morisken, das entsprach ungefähr sechs Prozent der Gesamtbevölkerung. Davon war rund die Hälfte in Aragón ansässig, wo sie ein Fünftel der Bevölkerung ausmachten; 150 000 lebten in Granada, wo sie keine Minderheit bildeten, sondern mehr als die Hälfte der Bewohnerschaft stellten. Schon um diese Zeit war klar, dass die Politik der Integration dieser Volksgruppen bei christlichen Spaniern nicht erfolgreich sein würde. Es gab Anzeichen für eine Zusammenarbeit zwischen den Morisken und den muslimischen Piraten von Algier, deren Überfälle auf die christlichen Orte im Süden Spaniens immer quälender wurden. Nicht von ungefähr beteuerten die christlichen Bewohner der Küsten, dass sie sich fürchteten, die ehemaligen Muslime könnten sie an ihre Glaubensgenossen verraten.[123]

Viele spanische Muslime waren Christen geworden, etwa ebenso groß war jedoch die Zahl der muslimisch gebliebenen Mauren, nämlich gleichfalls 200 000, die durch die Eroberung Granadas zu Spanien kamen. Kastilien zählte 20 000 bis 25 000 Mudejares, das Königreich Aragón weitere 30 000, das Königreich Valencia mehr als 50 000. Nach 1492 verlangten die Behörden von Granada, dass sie die Städte verließen und sich auf dem Land ansiedelten. Sie genossen aber weiterhin Kultfreiheit, besaßen ihre Moscheen und durften dem koranischen Recht folgen.[124]

Die Glaubensspaltung des 16. Jahrhunderts in Europa hatte auch Auswirkungen auf die Beziehungen zwischen Christen und Nichtchristen in Spanien: Muslime und Juden zeigten für den Glauben ihrer Nachbarn, die in der Mehrheit waren, mehr Interesse als umgekehrt; sie wussten bald über den Protestantismus gut Bescheid, zumindest weitaus besser als die katholischen Christen Spaniens über die Probleme des Islam. Sie konnten ihren christlichen Nachbarn höhnisch die Kritik der Protestanten an der römischen Kirche um die Ohren schlagen. Die Reformation führte aber nicht nur zur Glaubensspaltung, sie führt auch zu einer Vertiefung der gesellschaftlichen Risse, sodass bald ein Bürgerkrieg drohte. Das musste jede politische Führung ängstigen. Die christlichen Führer schrieben von da an die Einheit der Nation auf ihre Fahnen.

Die Inquisition gab es in Spanien schon lange vor Philipps Thronantritt. Sie überwachte nun ganz besonders scharf die Prak-

Freikauf von christlichen Sklaven.
Lavierte Zeichnung von Jacques Callot, 1619

tiken der erst kurz zuvor zum Christentum übergetretenen Spanier, also der vormals jüdischen und muslimischen Christen. Die Opfer der Inquisition waren daher in den 1550er und 1560er Jahren vor allem die Morisken und Conversos. Außerdem sorgten seit 1563 spanische Polizeibehörden dafür, dass die Morisken entwaffnet wurden, sofern sie vorher bewaffnet waren und man ihrer Waffen leicht habhaft werden konnte.

Mitte der 1560er Jahre verschärfte Philipps Regierung die Gesetze gegenüber den Morisken; man wollte sie zwingen, ihre arabischen Eigennamen (Patronyme) und das Arabische als Umgangssprache, ihre Kleidung und ihre Bäder aufzugeben. Sie sollten sich auch in ihren Gebräuchen den Christen angleichen.[125] Eine Prágmatica (oder königliche Anordnung) dieses Inhalts, entworfen von dem neuen Generalinquisitor Diego de Espinosa, erging am 1. Januar 1567. Sie wurde an diesem Tag durch Ausschreier sowohl auf Arabisch als auch auf Kastilisch öffentlich bekannt gemacht. Die Morisken, hieß es, sollten fortan auf ihre Kleidung, ihre Sprache, ihre Gewohnheiten und religiösen Praktiken verzichten, binnen eines Jahres, andernfalls würden sie mit Gefängnis und Geldstrafen rechnen müssen.[126]

Gegen diese Politik der Angleichung erhoben sich nun zur

Jahreswende 1567/68 die Morisken in dem trockenen Bergland südlich von Granada, den Alpujarras. Ein richtiger Aufstand brach aus. Die Aufständischen verfolgten drei Ziele: Sie wollten 1. aus ihrer Mitte einen Herrscher oder König wählen, 2. die gesamten Alpujarras in den Aufstand ziehen und 3. die Stadt Granada einnehmen und für sich behalten. Mit ihren Anführern hatten die Morisken allerdings wenig Glück, wohl auch deshalb, weil sie sich selbst uneins waren: Der Erste ihrer Anführer war Farax, ein Färbergeselle, ihm folgte ein gewisser Hernando de Valor, der seine Ahnen auf das große Omajadengeschlecht zurückführte, sein Krönungsname war daher Abenhumeya. Er wurde im Oktober 1570 abgesetzt und ermordet.

Als der Aufstand in den Alpujarras begann, verfügte Philipp kaum mehr über zuverlässige Truppen, denn jeder Söldner, dessen er habhaft hatte werden können, kämpfte seit geraumer Zeit in den Niederlanden. Er musste große Anstrengungen unternehmen, bis er genügend Soldaten beisammen hatte, die er aussenden konnte, um den Aufstand im südlichen Andalusien mit Gewalt niederzuwerfen. Der Generalkapitän von Granada, der Marquis von Mondéjar, verließ am 3. Januar 1569 mit seinen Truppen die Stadt und überquerte das Massiv der Alpujarras, um sein Hauptquartier in Orgiva einzurichten. Der Marquis de los Vélez ließ sich indessen in Terque nieder, am Ostrand des Bergmassivs.[127]

Im März 1570 wurde beschlossen, die Morisken ganz aus Spanien hinauszuwerfen. Als sich Mondéjar dieser Politik widersetzte, übertrug König Philipp seinem Halbbruder, Don Juan d'Austria, dessen Kommando. Nun begann der Feldzug, eine Art Guerillakrieg, ge-

Don Juan d'Austria, Philipps Halbbruder. Zeitgenössisches Porträt

Massendeportation der spanischen Muslime nach Nordafrika. Zeichnung von Vicente Carducho, nach 1609

gen die Morisken. Im Mai 1570 ergab sich der Oberbefehlshaber der Morisken; aber seine Gefolgsleute setzten den Kampf in den Bergen fort, bis ihnen im Sommer 1571 die Nahrungsmittel ausgingen und sie fast vor Hunger umkamen. Danach war die Rebellion militärisch leicht niederzuwerfen.

Am 24. Februar 1571 unterzeichnete König Philipp eine Verfügung, derzufolge alle Morisken von Granada das Land zu verlassen hatten. Nicht von Philipp selbst, von seinem Halbbruder Don Juan stammen die Worte: «Ich weiß nicht, ob man sich eine bewegendere Szene menschlichen Elends vorstellen kann als die, so viele Menschen zu sehen in solcher Verwirrung, mit ihren Weibern und ihren schreienden Kleinkindern und mit vielerlei Dingen beladen.»[128] Das aus dem Altdeutschen stammende Wort «Elend» hat etymologisch damit zu tun: in einem anderen Land leben müssen.

Der folgende Winter war kalt und schneereich. In den knapp vier Jahren der Revolte in den Bergen waren bei den Morisken etwa 21 000 Mann ums Leben gekommen. Unzählige fielen nun den Entbehrungen zum Opfer. Jetzt begannen die spanischen Behörden, die Morisken aus diesem wüstenartigen Bergland zu vertreiben. Viele von ihnen waren an den Füßen aneinander gekettet – es muss ein Anblick zum Erbarmen gewesen sein. Die Zahl der Deportierten ist bekannt, sie belief sich auf 50000 – weitere 20000 waren schon im Verlauf der Kämpfe vertrieben worden. Einige hielten sich noch in diesem wilden Bergland versteckt und flüchteten später nach Nordafrika, man weiß nicht, wie groß ihr Anteil war. Für die muslimische Bevölkerung Spaniens war es auf jeden Fall ein schwerer Verlust. In den Alpujarras lebten nach einer Schätzung von 1561 noch 5848 Familien – sechzehn Jahre, 1577, später war es nur noch ein knappes Drittel davon, 1811 Familien.[129]

Glücklich war Spanien auch mit den verbliebenen Muslimen nicht, daher wurden die Vertreibungen fortgesetzt, sie endeten erst lange nach Philipps Tod in den Jahren 1609 bis 1611. Spanien erlitt durch den Wegzug dieser Minderheit nicht zuletzt auch wirtschaftliche Nachteile, denn die Muslime waren tüchtige Handwerker; allerdings scheinen diese Schäden in der Geschichtsschreibung oftmals auch übertrieben worden zu sein.[130]

Der Kampf gegen die Türken

Seit 1453 saßen die Türken in Konstantinopel. Genau hundert Jahre später griffen sie mit einer starken Flotte – ergänzt durch französische und nordafrikanische Schiffe – die Insel Korsika an; schon 1529 hatten sie erstmals Wien und andere Städte Mitteleuropas belagert. Spanien hatte das Glück, im Westen des Mittelmeerraums zu liegen, weit entfernt von den Orten, welche die Türken seit nunmehr gut hundert Jahren erobert oder bedroht hatten. Gleichwohl, Spanien war eine Mittelmeermacht, und es besaß, auch unter König Philipp, eine Vielzahl von Ländereien, die den osmanischen Zielen näher gelegen waren: große Teile Italiens gehörten zu Philipps Herrschaftsbereich. Der osmanische Vasall Hayreddin drang im Mittelmeer gen Westen vor und machte Algier zu seinem Hauptquartier. 1555 plünderten die Flotten des Sultans die Stadt Sorrent, sie entführten achthundert Menschen aus Reggio di Calabria und Salerno, die gleichfalls unter spanischer Herrschaft standen, in die Sklaverei, brandschatzten die Insel Menorca und zerstörten das befestigte Tripolis in Nordafrika. Ein paar Jahre später, 1560, versuchte Philipp einen großen Schlag gegen Tripolis zu führen; aber die Streitmacht, die unter genuesischem Befehl auszog, wurde vor der tunesischen Insel Djerba binnen eines Tages völlig aufgerieben. Die christliche Flotte zog sich zurück. 6000 spanische Soldaten wurden ihrem Schicksal überlassen.[131]

Die Türken waren inzwischen Philipps ärgster und gefährlichster Feind. Von den Malteserrittern dazu überredet, unternahm Philipp einen Feldzug zur Rettung der Stadt Tripolis, das die Ritter ein paar Jahre zuvor an die Osmanen verloren hatten. Dieses Unternehmen endete mit einem schweren Verlust: 27 Galeeren wurden von den Türken erobert, 10 000 Mann verloren in den Kämpfen ihr Leben oder gerieten in Gefangenschaft. 1562, als der Verlust an Schiffen gerade wieder behoben war, gingen in einem heftigen Sturm noch einmal 25 Galeeren verloren. Im Jahr darauf griffen die Türken den spanischen Vorposten im afrikanischen Oran an, zwei Jahre später belagerten sie Malta.[132]

In den folgenden Jahren sah es keineswegs danach aus, als ob die christlichen Mächte im Mittelmeerraum die Oberhand gewinnen würden. Die Türken waren in den 1560er Jahren im östlichen Mittelmeer eine stete Bedrohung. Sie hatten dort – mit der großen Insel Zypern – eine sehr starke Stellung. Mitte Mai 1565 trafen sie mit 180 Kriegsschiffen vor Malta ein, und der spanische Vizekönig von Sizilien, Don García de Toledo, hatte eine Entsatzflotte zugesagt. Die Türken nahmen Malta, töteten seine Besatzung auf die grausamste Weise und vertrieben die christlichen Bewohner der Insel. Nur für kurze Zeit schien etwas Ruhe einzukehren, als 1566 der auf Expansion bedachte Sultan Suleiman der Prächtige starb; doch versuchten sogleich die Niederländer dies zu ihren Gunsten auszunützen, indem sie jetzt das Feuer des Aufstands schürten.

Dem großen Feldzug der abendländischen Mächte von 1571 gegen die türkische Flotte war eine Reihe diplomatischer Manöver vorausgegangen. Eine Vielzahl von christlichen Staaten musste dafür gewonnen werden, gemeinsam mit anderen gegen die Osmanen auszuziehen; doch etliche dieser Staaten, die sich diesem Bündnis anschließen sollten, waren miteinander verfeindet oder lagen – wie Frankreich – im Bürgerkrieg. Es war nicht einfach, die

Interessen der christlichen Mächte unter einen Hut zu bringen, und Philipp und seine Gesandten erwiesen sich jetzt, neben denen des Papstes, als die großen Meister im Schmieden einer Koalition. Philipps Spanien mit seinen von Vizekönigen regierten Königreichen wie Neapel, dann die Flotte des Papstes und die der Republik Venedig erwiesen sich als die stärksten Mitstreiter in diesem Kampf; sie waren allerdings durch ihre geographische Lage auch am meisten gefährdet. Mit kleineren Kontingenten beteiligten sich die protestantischen Mächte Nordeuropas, und selbst das England Elisabeths I. nahm an dieser Expedition teil. Diese Mächte waren jedoch weniger gefährdet als die Mittelmeerländer.[133]

Es bedurfte beträchtlicher diplomatischer Anstrengungen und Überzeugungskraft, bis die Souveräne dieser Staaten bereit waren, Kriegsschiffe zu entsenden und den Oberbefehl über die Gesamtflotte einem Spanier anzuvertrauen, Don Juan d'Austria. Im Spätsommer 1571 versammelte sich die große christliche Flotte bei Messina, dann segelte sie ostwärts, den Türken entgegen. Ein später berühmter Teilnehmer war der Dichter Miguel de Cervantes, der Verfasser des «Don Quijote», er erlitt bei den Kämpfen eine schwere Handverletzung.

Im Golf von Korinth, bei Lepanto, stießen die beiden großen Flotten Anfang Oktober 1571 aufeinander. Lepanto wurde zum großen Sieg der christlichen Flotte; danach herrschte allenthalben in der Christenheit große Erleichterung; überall wurden Dankgottesdienste gefeiert und Erinnerungszeichen an die Seeschlacht – und an die Bannung der Türkengefahr – aufgestellt.[134] Allerdings waren die Türken noch lange nicht besiegt. In den folgenden Jahren drangen sie noch aggressiver vor: 1574 sandten sie 300 ihrer Großgaleeren aus und nahmen die Stadt Tunis ein. Die große Flotte, bei weitem größer als die König Philipps, bedrohte das spanische Sizilien und zerstörte dort straflos einige spanische Festungen. Im März 1576 eroberte einer der nordafrikanischen Vasallen des osmanischen Sultans Murad III. den größten Teil von Marokko, wo Spanien (seit 1497) einige kleinere Besitzungen hatte, und verwandelte es in ein osmanisches Protektorat. Nie zuvor waren die Türken dem Westen so bedrohlich erschienen. Eine kurze Beruhigung trat ein, als im Jahr 1577 der persische Schah Tahmasp das Zeitliche segnete und osmanische Truppen ihre Aufmerksam-

Die Seeschlacht bei Lepanto. Gemälde der Werkstatt des Jacopo Tintoretto, um 1571

keit gen Osten, auf das Perserreich, richteten. Jetzt stimmte Murad III. einer Waffenruhe im Mittelmeer zu: Im Jahr 1580 wurde ein förmlicher Waffenstillstand geschlossen. Allerdings bekamen selbst die osmanischen Herrschaftsbereiche seinerzeit die hereinbrechende kalte Witterung, Vorboten der «Kleinen Eiszeit», zu spüren. Selbst im Mittelmeerraum fielen die Temperaturen, die Ernten wurden spät eingebracht und waren schlecht. In Algier herrschte im Winter 1580 eine Hungersnot.[135]

Die Schlacht von Lepanto war ein großer Erfolg der christlichen Staaten gegen die Osmanen, und es war ein großer Sieg Spaniens und seines Königs, dessen Halbbruder sich so großartig ausgezeichnet hatte. Aber dieser Krieg verschlang auch Geld, sehr viel Geld: Der Feldzug gegen die Türken 1571 kostete Spanien ungefähr 800 000 und die spanischen Besitzungen in Italien weitere 400 000 Dukaten. Zwischen 1571 und 1577 verbrauchte die spanische Mittelmeerflotte weit über 7 Millionen Dukaten und die Armee in Flandern noch einmal 11,7 Millionen.[136]

Außerdem musste die spanische Krone für ihre vielen Verbindlichkeiten Zinsen bezahlen. Ohne seine Besitzungen in der Neuen Welt – und den ständigen Zustrom von Gold und Silber von dort – hätte Philipps Spanien diese Last überhaupt nicht tragen können. Ein paar Jahre nach Lepanto, im April 1574, beliefen sich Philipps gesamte Schulden und Verbindlichkeiten auf 74 Millionen Dukaten – und dabei nahm die Krone jährlich nur 5,5 Millionen Dukaten ein. Die Schulden waren, mit anderen Worten, so hoch wie etwa vierzehn ordentliche Jahreseinnahmen.

Habsburg und Valois

Die Königshäuser Habsburg und Valois, die über Nachbarstaaten, das Heilige Römische Reich und Frankreich, geboten, standen schon zur Zeit von Philipps Vater Karl in kriegerischem Gegensatz. Während der Regierung Kaiser Karls V. herrschte zwischen ihm und dem französischen König Franz I. fast ständig Krieg. Den Schlachten folgten unaufrichtige Friedensbeteuerungen und Friedensschlüsse, die sich bald als kurze Waffenstillstände entpuppten. Frankreich wehrte sich gegen die Bedrohung durch Habsburgs Macht; doch am Ende erwies sich das Haus Habsburg als stärker.

Solange Philipp über Spanien regierte, war Frankreich durch einen Bürgerkrieg nach außen so gut wie gelähmt, und diese Schwäche seines Nachbarn war eine von Philipps Stärken. Eine weitere war die Achse Madrid–Wien, also die enge Familienbeziehung zu seinen kaiserlichen Vettern in Wien, die das Heilige Römische Reich regierten. Philipps Schwester Maria war mit Kaiser Maximilian II. verheiratet und schenkte zwei späteren Kaisern das Leben, Rudolf II. und Matthias. Aus ihrer Ehe ging außerdem eine Tochter hervor, die dann wiederum Philipps vierte Gemahlin wurde, Anna von Österreich. So blieb alles gewissermaßen in der Familie.[137]

Die Ansprüche der geringen Anzahl von Protestanten in seinem Land vermochte Philipp abzuwenden, und so blieb Spanien konfessionell geeint, sieht man von den andersgläubigen Muslimen und konvertierten Juden ab. Durch die Heirat mit Elisabeth von Valois als seiner dritten Gemahlin gelang es ihm sogar, Frankreich gleichsam auf seine Seite zu ziehen oder wenigstens zeitweise eine Art wohlwollender Neutralität herzustellen; durch die Heirat seiner Enkelin Anna von Österreich mit Ludwig XIII. wurde Philipp zum Urgroßvater König Ludwigs XIV.

Frankreich hingegen war in der zweiten Hälfte des 16. Jahrhunderts gleich doppelt bedroht, einmal von außen durch das Haus Habsburg, das von Osten und Süden her zugleich Druck ausübte, sodass sich die französischen Könige nicht scheuten, mit den osmanischen Türken, die das christliche Europa bedrohten, gemeinsame Sache zu machen. Zweitens dann in seinem Innern, wo der König gegen die einheimischen Protestanten einen Bürgerkrieg führte. Frankreich war gelähmt, und schon aus diesem Grund war seit dem Friedensschluss von Cateau-Cambrésis 1559 der Aufstieg Spaniens zur vorherrschenden Macht in Europa nicht mehr aufzuhalten.

Dieser Bürgerkrieg in Frankreich dauerte mit kurzen Unterbrechungen von 1562 bis 1598, dem Todesjahr König Philipps. Er kostete an die 100 000 Menschenleben.[138]

Frankreich begann sich etwas später als Mitteleuropa dem protestantischen Bekenntnis zuzuwenden, und zwar nicht der Lehre Martin Luthers, sondern der des Genfer Reformators Jean Calvin. Als einige der Krone nahe stehende Adelsfamilien wie die Bourbonen und das Haus Châtillon zum Protestantismus übertraten – die Bourbonen wurden sogar die Anführer der Protestantenpartei –, führte dies zu schweren politischen Erschütterungen. 1559 fand in Frankreich die erste protestantische Nationalsynode statt. Im Jahr darauf, nach dem Tod von König Franz II., übernahm dessen Mutter, Katharina von Medici, die Regentschaft. Sie begünstigte anfangs die Bourbonen und gewährte den Protestanten im Edikt von Saint-Germain 1562 ein gewisses Maß an Religionsfreiheit. Aber was die eine Seite zugestand, war der anderen zu wenig – es

Katharina von Medici, Königin von Frankreich, *13. 4. 1519 Florenz, † 5. 1. 1589 Blois. Katharina war die einzige Tochter Lorenzos von Medici, Herzog von Urbino. Sie wurde 1533 mit dem späteren König Heinrich II. von Frankreich vermählt; nach dessen Tod (1559) und dem Tod ihres Sohnes Franz II. (1560) regierte sie für ihren Sohn Karl (IX.), später für ihren dritten Sohn Heinrich III. In der Bartholomäusnacht (1572) ließ sie unter den französischen Protestanten ein Blutbad anrichten. Katharinas Tochter Elisabeth von Valois wurde (1559) die dritte Gemahlin König Philipps II.

kam zum Krieg. Philipps Spanien stellte sich auf die Seite der Königsmacht, wiewohl Philipp sicherlich das blutige Sich-Zerfleischen Frankreichs nicht ungern sah. Dabei scheint der Führer der französischen Protestantenpartei, Admiral Coligny, absichtlich auf eine kriegerische Auseinandersetzung mit dem katholischen Spanien hingearbeitet zu haben. Als die Armee des Protestantenführers Prinz Condé sich südlich der Loire versammelte und auf Orléans zumarschierte, um dann weiter nach Paris vorzustoßen, entsandte Philipp spanische Truppen und verhinderte die Einnahme der Hauptstadt durch die Protestanten. Nach einem kurzen Waffenstillstand ging der Krieg weiter, der dann noch durch die Ermordung der protestantischen Anführer in der Bartholomäusnacht im August 1572 gewaltig angefacht wurde. Auf protestantischer Seite waren bei diesem Massaker wenigstens 6000 Tote zu beklagen, die Hälfte davon in Paris.[139] König Philipp nahm die Nachricht von der Bartholomäusnacht freundlich auf.

Das vom Bürgerkrieg zerrissene Frankreich besaß gegenüber Spanien einen strategischen Vorteil: Die spanischen Niederlande grenzten im Süden an Frankreichs Norden, und auch in den Niederlanden stand eine protestantische Partei im Kampf gegen den alten Glauben. Philipps Spanien aber lag im Südwesten Frankreichs, das sich also wie ein Keil zwischen Spanien und die Niederlande schob. Der kürzeste Landweg für spanische Truppen in die Niederlande führte geradewegs durch Frankreich. Die französischen Protestanten, die Hugenotten, halfen ihren Glaubensbrüdern in den Niederlanden, damit schädigten sie zugleich das katholische – ganz Europa dominierende – Spanien. Die katholischen Könige Frankreichs und König Philipp kämpften somit gemeinsam gegen die Protestanten.

Zu Beginn der 1580er Jahre sah es so aus, als ob der Konfessionsfriede nach Frankreich zurückkehren würde. Aber im Juli 1585 widerrief König Heinrich III., von der Katholischen Liga dazu ermuntert, die Toleranzedikte seiner Vorgänger und stellte die Protestanten wieder außerhalb des Gesetzes.[140] Der Nachfolger von Papst Gregor XIII., Sixtus V., veröffentlichte eine Bulle, in der er den Anführer der Protestanten, Heinrich von Navarra, als einen reuelosen Ketzer bezeichnete. Nun begann der «Krieg der drei Heinriche», in dem König Heinrich III. gegen Heinrich von Navar-

Mehrmals kam es in Frankreich im Verlauf der Religionskriege zu Metzeleien an den Hugenotten, wie hier in Nîmes 1567. Zeitgenössischer Kupferstich von Jean Perrissim

ra und Herzog Heinrich von Guise stand, einen fanatischen Katholiken, der vom König ein schärferes Vorgehen gegen die Protestanten und gegen die der Ketzerei verdächtigten Personen in der Umgebung des Königs verlangte. Zwar ließ König Heinrich III. 1588 die beiden Brüder Guise ermorden, doch stachelte dies die Kampfeswut eher noch mehr an.[141]

Der Konfessionskrieg in Frankreich überschritt noch einmal die Landesgrenzen, als der Protestantenführer Heinrich von Navarra, der spätere Heinrich IV., in den 1590er Jahren den Niederländern in ihrem Kampf gegen Philipp beträchtliche Mengen an Geld zur Verfügung stellte und Frankreich im Januar 1595 Spanien sogar den Krieg erklärte. Die Spanier griffen sogleich von Norden her, aus den Niederlanden, den französischen Nachbarn an und siegten gegen französische Truppen in der Schlacht von Doullens am 24. Juli 1595. Sie nahmen Anfang Oktober 1595 die Stadt Calais ein, die Philipp als König von England 1557/58 verloren hatte. 1597 kam es noch einmal zu heftigen Kämpfen um die Stadt Amiens. Der Friedensschluss von Vervins am 2. Mai 1598 bestätigt im Wesentlichen den Frieden von Cateau-Cambrésis, in dem Frankreich auf Ansprüche in Burgund und Italien verzichtet hatte und der daher für Spanien so überaus zufrieden stellend gewesen war.[142]

Im selben Jahr begann Frankreich sich mit seinen Protestanten einzurichten, von denen es in dieser Zeit etwa 1,25 bis 1,5 Millionen gab, ein gutes Zwölftel der französischen Bevölkerung: Der neue König, Heinrich IV., kam aus ihren Reihen und war aus Gründen der Staatsraison zum alten Glauben zurückgekehrt, dem die große Mehrheit seines Volkes anhing. Das Toleranzedikt von Nantes (1598) erlaubte den Hugenotten, ihren Glauben zu bewahren; sie durften an die 40 Städte unter ihrer Verwaltung halten und 80 befestigte Plätze. Sie waren fortan uneingeschränkt rechtsfähig und erhielten Zugang zu allen Ämtern. Zur Entscheidung ihrer Strafsachen wurden paritätisch besetzte Gerichte eingesetzt.[143]

Spanien und Portugal

Spanien und Portugal bilden geographisch betrachtet eine Einheit, Iberien. In Portugal war man stets anderer Auffassung: Wie Spanien, das sich bis in die jüngste Gegenwart gern von Europa absonderte, von dem es sich geographisch isoliert und auch in geistiger Distanz sah, so auch Portugal von Spanien. Was Europa für Spanien, das war Spanien für Portugal: ein fremder Nachbar. Es gab Verflechtungen zwischen diesen beiden Ländern, gewiss; aber Spanier wie Portugiesen waren sich stets bewusst, dass sie zwei Völker waren und nicht eines.

Die familiären Verflechtungen zwischen den beiden Königshäusern Trastámara und Bragança bestanden lange, bevor das Haus Habsburg nach Spanien kam. Die Verbindungen zwischen dem spanischen und dem portugiesischen Königshaus waren eng, einige Ehen hatten sie verstärkt. Dies hatte zur Folge, dass Erbansprüche geltend gemacht werden konnten, sollte eine der beiden Dynastien erlöschen.

In Portugal regierte in den 1570er Jahren der junge König Sebastian, der Sohn der Johanna von Portugal. Er war erblich nicht minder belastet als Don Carlos, zu dem er als Vetter in enger Blutsverwandtschaft stand. Sebastian war eine Kämpfernatur, ein Krieger und nichts sonst. Er suchte den Kampf gegen die maurischen Muslime Nordafrikas und fand dort am 4. August 1578 in der Schlacht von Alcazarquivir (El-Kasr el-Kebir) in Marokko den Tod. Seine Leiche soll derart entstellt gewesen sein, buchstäblich zerfetzt, dass es nicht einfach war, sie zu identifizieren, zumal die Leichen von 7000 bis 8000 Christen und von 5000 bis 6000 Muslimen auf dem Schlachtfeld verstreut lagen.[144]

Der junge König Sebastian von Portugal.
Bildnis von Cristóvao de Morais, um 1565

Die portugiesische Thronfolge war nicht ganz einfach: Zunächst trat Kardinal Heinrich die Regentschaft an. Der Kardinal war 67 Jahre alt, kinderlos und vergreist und daher kaum imstande, das Land mit seinen riesigen überseeischen Besitzungen in Südamerika zu regieren. Kardinal Heinrich berief im Januar 1580 die Cortes ein, sie sollte über die Thronfolge entscheiden. Es scheint, dass er persönlich gern die Herzogin Katharina von Bragança, Tochter seines Bruders, des Infanten Dom Duarte, und Schwester der Prinzessin Maria, die mit Alexander Farnese verehelicht war, auf dem Thron gesehen hätte. Er hatte aber auch nichts gegen Philipp einzuwenden, zumal der größte Teil des Adels und der Kleriker sich für den spanischen König aussprach. Die Cortes zögerte lange mit ihrer Entscheidung. Aber noch bevor die Zustimmung des Dritten Standes eingeholt werden konnte, der zwischen Dom Antonio und Bragança hin- und hergerissen war, starb Kardinal Heinrich, und die Thronfolge wurde nun vordringlich. Es kam zum offenen Streit. Die Portugiesen erhoben Dom Antonio zu ihrem König, genauer: Er rief sich am 18. Juni 1580 selbst zum König aus, und zwar durch eine kleine Gruppe aus der Cortes; am Tag darauf erklärte sich die Stadt Santarem für ihn, etwas später auch Lissabon und Setubal.[145]

Philipp erfuhr vom Tod Sebastians bereits am 13. August 1578, also nur neun Tage nach dessen Tod. Er war eigentlich der nächste Verwandte, dem nach dem Tod Kardinal Heinrichs der portugiesische Thron zustand. Philipp ließ es sich nicht zweimal sagen, er unternahm sogleich Schritte, seine Nachfolgerechte wahrzunehmen. Allerdings war vorläufig in Portugal nicht jedermann von der Vorstellung begeistert, künftig vom König von Spanien regiert zu werden. Am meisten für Philipp eingenommen waren die portugiesischen Jesuiten und einige der anderen religiösen Orden. Aber auch die Großkaufleute waren für ihn, denn sie sahen für sich einen Vorteil darin, dass es sich – mit ihm als König – künftig leichter mit Spanien zusammenarbeiten lassen würde. Widerstand gab es vorläufig vor allem auf der Seite des Adels gegen diese Lösung der Thronfolge. Philipp ließ daher viel Geld aufwenden, um die rund 800 Adligen, die noch in Nordafrika in Gefangenschaft saßen, auszulösen – dadurch erwarb er sich die Unterstützung der Adelsfamilien, die dort einen Angehörigen hatten und auf dessen Freilassung hofften.

Sodann ließ Philipp Dom Antonio zum Rebellen erklären, er versammelte am 13. Juni 1580 in der Grenzstadt Badajoz seine Armee, nämlich 20000 Infanteristen, davon viele italienische, deutsche und spanische Veteranen, ferner 1500 Berittene, begleitet von 136 Geschützen und einem Corps von Pionieren. An die Spitze dieser Armee stellte der König einen sehr erfahrenen Feldherrn, den Herzog von Alba. Dann erteilte er den Befehl zum Angriff auf das Nachbarland. Bei diesem Feldzug kam es vor allem im Norden Portugals zu viel Blutvergießen. Auf Befehl Philipps wurden die portugiesischen und italienischen Gefangenen getötet. Auch gegen die Städte Lissabon und Setubal gingen Philipps Truppen besonders scharf vor. Zu diesen Grausamkeiten gesellten sich bald noch Seuchen, sodass die Zahl der Opfer dieser Invasion sehr hoch war.[146] Auch Portugals großer Dichter Camões soll dieser Seuche erlegen sein.

Im folgenden Frühjahr, im April 1581, nimmt König Philipp im Kloster von Tomar vor der Cortes den Treueid der portugiesischen Stände entgegen. Am 29. Juni feiert er seinen Einzug in der Hauptstadt Lissabon. Philipp wird zum König von Portugal gekrönt. Dabei muss er den Portugiesen etliche Zugeständnisse machen: Er muss feierlich versprechen, die Bräuche, Gesetze und Statuten Portugals zu achten, nur Einheimische zu den Ämtern und Würden des Landes zuzulassen, die Steuergelder ausschließlich für einheimische Zwecke zu verwenden. Außerdem erwarten die Notabeln in Tomar, dass Spanien seine Flotte künftig auch zum Schutz der überseeischen Besitzungen Portugals einsetzt. Philipp versichert ihnen, dass im königlichen Haushalt nur Portugiesen eingesetzt werden sollen; die portugiesische Währung bleibt bestehen und auch der Handel mit den überseeischen Territorien soll fortan einzig und allein in portugiesischen Händen ruhen, doch sollen die Zollschranken zwischen Spanien und Portugal abgebaut werden.[147]

Wenig später, im Dezember 1582, wird der Leichnam Sebastians nach Portugal überführt, zum Hieronymus-Kloster von Belem unweit von Lissabon gebracht und dort in Anwesenheit König Philipps in der Familiengruft der Bragança beigesetzt. Bei der Vereinigung der Stände in Lissabon am 26. Januar 1583 führt Philipp noch den Vorsitz, dann reist er zurück nach Spanien. Die Personalunion zwischen diesen beiden iberischen Ländern wird bestehen bleiben bis weit über Philipps Tod hinaus, bis zum Jahr 1640.

Dom Antonio gelang es, Portugal im Verlauf dieser Kämpfe auf einem niederländischen Schiff zu verlassen. Ein paar Jahre später versuchte er, mit Hilfe französischer Hugenotten zurückzukehren und die Azoren einzunehmen, die auf der für Spanien so wichtigen Handelsroute zu den Westindischen Inseln lagen. Die Insel Terceira hatte sich nämlich für ihn ausgesprochen und stand somit gegen Philipp. Eine große spanische Flotte besiegte Antonio und zerschlug seine Hoffnungen.

Der Krieg in den Niederlanden

Der Kampf in den Niederlanden dauerte schon sehr lange, eigentlich seit Philipp 1555/56 seine Herrschaft angetreten hatte. Und er war sehr teuer, er kostete sehr viele Menschenleben und viel Geld. Er nahm schrittweise an Intensität zu. Jede Maßnahme der einen Seite wurde von der andern als eine Steigerung der Gewalttätigkeit angesehen, und entsprechend aggressiv war die Reaktion. Als einige kleine Gruppen von Wiedertäufern und radikalen Kalvinisten, von ihren Predigern angespornt, am 10. August 1566 in den katholischen Kirchen des westlichen Flandern einen wüsten Bildersturm entfachten, der sich sodann innerhalb von zwei Wochen über weite Teile der südlichen Niederlande ausbreitete, hielt König Philipp den Zeitpunkt für gekommen, den Niederländern zu zeigen, wer ihr Herr war. Er glaubte jetzt, auch die Mittel dafür zu besitzen, denn soeben war eine große Flotte mit 1,5 Millionen Dukaten in Silber an Bord aus Amerika in Sevilla eingetroffen, und im Mittelmeer war die Situation gerade entspannt: In diesem Jahr fuhr die türkische Flotte ostwärts gegen das Perserreich. Als der spanische Staatsrat im Oktober 1566 zusammentraf, erklärten die Anwesenden einstimmig, dass man jetzt in den Niederlanden die Ruhe gewaltsam herstellen müsse. Das war die Stunde der Soldaten, des Herzogs von Alba. Sicherlich war es ein schwerer Fehler, dass König Philipp nicht persönlich versuchte, etwa durch einen Besuch seiner Untertanen, die Ruhe wieder herzustellen und die Menschen zu besänftigen.[148]

Alba ließ keinen Zweifel, dass er nur ein Mittel kannte, den Aufruhr zu beenden: Gewalt. Sein kompromissloses Vorgehen trieb die Gemäßigten in die Arme der Radikalen, die Radikalen trieb es endgültig zum gewaltsamen Aufruhr. Ein Teil der Niederländer flüchtete aufs Meer, die Wassergeusen, und setzte von dort den Widerstand fort. Sie arbeiteten mit anderen kalvinistischen Städten – wie der französischen Hugenottenhochburg La Rochelle am Atlantik und dem friesischen Emden – Hand in Hand.

Alba war ein entschlossener Feldherr, und er war unternehmerisch. Im Herbst 1571, nach einem in Nordeuropa insgesamt eher schlechten Jahr mit einer schlechten Ernte, eroberte er mit seinen Truppen alle aufständischen Städte der nördlichen Niederlande zurück. Im Dezember zogen seine Truppen in die Provinzen Holland und Seeland, deren Bewohner sich auf die Seite der Aufständischen gestellt hatten. Dann ließen seine militärischen Erfolge langsam nach: Am 1. April 1572 nahmen seine Soldaten noch die Stadt Den Briel und bald auch andere Städte in ihren Besitz, nicht jedoch Amsterdam. Im August desselben Jahres ließ die Regentin Katharina von Medici in der Bartholomäusnacht Tausende

Der Herzog von Alba. Bildnis von Antonio Moro, 1549

von Protestanten über die Klinge springen, und diese Nachricht war nicht dazu angetan, die Protestanten im Nachbarland zu beschwichtigen. Zwei Monate später, im Oktober 1572, ließ Alba die Stadt Mecheln drei Tage lang plündern, wie zuvor schon Zutphen und Naarden. Seine Truppen waren ungewöhnlich brutal. In der Stadt Haarlem machten die Spanier viele hundert, ja wohl weit über tausend Menschen nieder.[149]

Alba war als Feldherr erfinderisch, aber ein Problem vermochte auch er nicht zu lösen: das Finanzproblem, das König Philipp immer heftiger auf den Nägeln brannte. Als Albas militärische Erfolge nachließen, verlor er die Unterstützung seines Herrschers, Philipp entzog ihm die Befehlsgewalt. Der König setzte Luis de Requesens an seine Stelle, einen erfahrenen spanischen Hofmann. Requesens hielt das brutale Verhalten der spanischen Truppen für die wirkliche Ursache des Aufruhrs, er war daher sehr viel nachgiebiger als Alba. Requesens drängte auf Friedensverhandlungen mit den aufständischen Provinzen, er war zu verfassungspolitischen Zugeständnissen bereit und auch dazu ermächtigt. Gespräche begannen in der ersten Jahreshälfte 1575 in Breda: Sie führten aber zu nichts, weil Philipp den Protestanten keine Zugeständnisse machen wollte. Als Requesens in der Nacht vom 4. auf den 5. März 1576 – ganz überraschend – starb, verlor Philipp eine wichtige Stütze. Danach übernahm vorübergehend ein Staatsrat seine Funktion.[150]

König Philipp neigte stets ein wenig zur Schwarzseherei, und hinsichtlich der Niederlande hatte er inzwischen alle Hoffnung verloren. *Der Verlust der Niederlande und des Restes der Monarchie ist so gut wie sicher,* vertraute er schon im Mai 1575 seinem Privatsekretär an. *Dies ist eine schreckliche Situation, und sie wird jeden Tag schlimmer.*[151] Aber zu einer Wende in seiner Politik war der König auch nicht zu bewegen. *Wenn die Umstände dich zwingen, unsere geheiligte Religion mit Waffengewalt zu verteidigen,* unterwies er später seinen Sohn und Erben, *dann wird dich Gott, selbst wenn du alle deine Reiche dabei verlierst, in seiner Herrlichkeit empfangen, und das ist das einzige Ziel, für das es wert ist zu kämpfen.* Zu vielem war er bereit – zu politischen Konzessionen, einer Generalamnestie und der Rückerstattung des beschlagnahmten Eigentums an die Rebellen –, nicht aber zu einer Änderung seiner Religionspolitik. Er wollte in seinem Herrschaftsbereich keine Protestanten dulden, das hatte ihm sein Vater eingeschärft. Er war nicht einmal willens, den Herzog von Alba ernsthaft bestrafen zu lassen, wenngleich es eine Kommission gab, die die Ausschreitungen seiner Truppen untersuchte. Dabei war dieser Krieg längst auch eine Frage des Überlebens für Philipps Spanien: Die Armee in den Niederlanden kostete inzwischen fast 700 000 Dukaten im Monat, und die Kassen des Königs waren so leer, dass er inzwischen den Sold nicht mehr auszahlen lassen konnte, sodass es im Sommer 1576 zu einem Aufruhr der Söldner kam, soweit sie nicht schon desertiert waren. Die Truppen waren lange Zeit unbesoldet geblieben, einige bis zu sechs Jahren, im November plünderten sie das reiche Antwerpen – «die lebendigste und herrlichste Stadt in der christlichen Welt» (Friedrich Schiller) – und versuchten sich auf diese Weise schadlos zu halten.[152]

«Die spanische Furie in Antwerpen vom 4. November 1576». Anonymes Gemälde aus dem letzten Viertel des 16. Jahrhunderts

Die große Mehrheit der siebzehn Provinzen, nämlich fünfzehn, war noch immer mehrheitlich katholisch, nur bei zweien lag die Macht in den Händen der Protestanten. Nun setzten sich Vertreter der Generalstaaten zusammen und trafen Vereinbarungen, die Philipps Wünschen entgegenliefen. In dieser Situation entsandte Philipp seinen Halbbruder, Don Juan d'Austria, der sich kurz zuvor in Lepanto im Kampf gegen die Türken militärisch so hervorragend ausgezeichnet hatte, als Generalstatthalter in die Niederlande. Von ihm verlangten die Aufständischen, er solle erst einmal die spanischen Truppen abziehen. Dazu waren die Spanier bereit, im Frühjahr 1577 machten sie einen Anfang. Für kurze Zeit sah es nach Frieden aus. Aber ein Krieg, der schon so lange gedauert und beiden Seiten so viele Opfer abverlangt hatte, war nicht so leicht zu beenden. Man vermochte sich nicht zu einigen, der Krieg ging weiter. Neue Truppen trafen aus Spanien ein. Don Juan griff das reiche Antwerpen an und ließ es brutal plündern. Die «Spaanse furie» kostete rund 8000 Menschenleben, an die 1000 Häuser wurden zerstört – eine schreckliche Bilanz. In der Religionsfrage blieb er hart, wie es König Philipp ausdrücklich befohlen hatte. Aber auch die Niederländer waren nicht zum Nachgeben bereit. «Wir können sehen, dass Ihr uns auszurotten wünscht», soll Wilhelm von Oranien zu den Abgesandten Philipps gesagt haben, «aber wir wünschen nicht ausgerottet zu werden.»[153]

Am 31. Januar 1578 stellte Don Juan die gegnerischen Truppen und besiegte sie bei Gembloux in offener Feldschlacht. Im folgenden Sommer kam es von Seiten der Niederländer zu schweren Ausschreitungen gegen katholische Kirchen. Kalvinistische Prediger hielten aufrührerische Reden, ein unbeschreiblicher Terror gegen die Katholiken brach aus. Zu allem Unglück für Philipp erkrankte Don Juan d'Austria in diesen Tagen schwer: Am 20. September 1578 diktierte er einen Brief an seinen königlichen Bruder in Madrid. «Ich wurde vom Fieber ergriffen und von großen Schmerzen im Körper und im Kopf, der mich todkrank aufs Lager geworfen hat, und wenngleich ich auch sonst geschwächt bin, als ob ich schon einen Monat leidend, so hoffe ich doch, mit Gottes Hilfe und mit Hilfe der verordneten Medizin, daß das Übel nicht weiter fortschreitet. Aber ich kann Eurer Majestät versichern, daß der Last meiner hiesigen Beschäftigung keine Gesundheit und kein Leben widerstehen kann.»

Philipp antwortete sogleich. *Ich bin mit großem Anteil Euren Besorgnissen gefolgt und mit noch größerem dem schlechten Zustand Eurer Gesundheit,* schrieb er, *weil dieser meinem Dienst stark zuwiderläuft, ohne von der Sorge zu sprechen, die ich deswegen verspürte. [...] Ich bitte Euch, da die Genesung von so großer Wichtigkeit ist, all Eure Sorgfalt darauf zu verwenden, damit Ihr Eure Gesundheit wiederherstellt und damit Ihr sie erhaltet mit allen möglichen Mitteln.*[154]

Don Juan hat diese Botschaft des Königs vom 10. Oktober 1578 nicht mehr gelesen. Als Philipps Brief eintraf, weilte er nicht mehr unter den Lebenden: Er starb am 1. Oktober 1578 im Alter von 31 Jahren an Typhus abdominalis, nachdem er an diesem Tag, es war ein Mittwoch, in halb bewusstem Zustand die Heilige Messe gehört hatte. Da man von Frankreich keine Freundlichkeit erwarten durfte – vor allem dann nicht, wenn die Leiche in die Hände der Hugenotten gefallen wäre –, wurde sie in drei Teile zerlegt

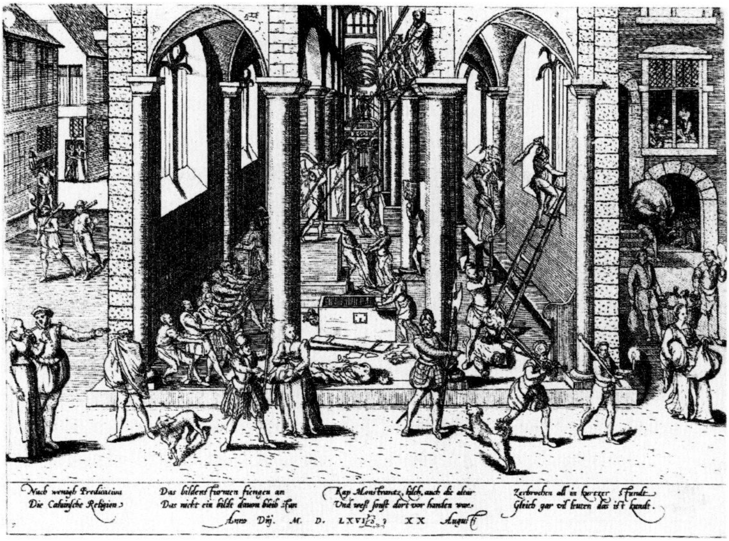

Der zweite große Bildersturm in den Niederlanden. Plünderung und Verwüstung einer katholischen Kirche durch Kalvinisten. Kupferstich von Franz Hogenberg, 1583

und auf Pferden, in Satteltaschen verpackt, nach Madrid gebracht. Don Juans sterbliche Reste wurden in der Gruft des Escorial unweit der seines Vaters beigesetzt.

Nach seinem Tod ernannte Philipp einen entfernten Verwandten zum Regenten der Niederlande, Alexander Farnese, den Sohn seiner Halbschwester Margarete von Parma. Ihm gelang es 1579, im Vertrag von Arras, Philipps Widersacher zu spalten, indem er die katholischen Provinzen Hainaut, Wallonien, Flandern und Artois wieder mit Philipp und der spanischen Krone versöhnte. Er fügte außerdem den Rebellen eine größere Niederlage bei, indem er ihnen im Juni 1579 die Festung Maastricht abnahm. Weitere militärische und diplomatische Siege der Spanier folgten: Die Zeit war günstig, denn im Mittelmeer herrschte Ruhe, seit Philipp den Waffenstillstand mit dem Sultan von 1577 erneuert hatte; dieser hielt während der gesamten 1580er Jahre.[155]

Am Ende der 1570er Jahre hätte man in den Niederlanden, vielleicht, Frieden machen können. Aber die Dinge waren inzwischen sehr verhärtet. Viel Blut war geflossen, und beide Seiten waren entschlossen, den Kampf fortzusetzen bis zum siegreichen Ende. In diesem Jahr nun, 1579, fand eine weitere Hinrichtung statt, die heftig umstritten war und sehr viel böses Blut machte: die des Baron Montigny, Bruder des Grafen Hoorne. Dieser war 1566 im Auftrag der Margarete von Parma als Abgesandter der Niederlande nach Madrid gereist. Auf seinem Weg war er eine Zeit lang bei seinem Onkel, dem Connétable de France, in Frankreich geblieben, und die beiden hatten vereinbart, sich gegenseitig mit Geld und Truppen zu helfen, falls dies einmal notwendig sein sollte. Montigny wurde dies nun von den Spaniern gleichsam wie eine Verschwörung zum Vorwurf gemacht, er wurde dafür in einem langen Prozess abgeurteilt und im März 1579 mit der Garotte erwürgt, was König Philipp allerdings stets bestritten hat.[156]

Philipp berief Alexander Farnese schon im folgenden Jahr wieder ab und machte 1580 erneut Margarete von Parma zur Generalstatthalterin. Nach neuerlichen Bilderstürmereien der Kalvinisten sagten sich die katholischen Südprovinzen Walloniens vom Norden los und schlossen in den ersten Monaten des Jahres 1579 einen Sonderfrieden mit Philipp, der ihnen verfassungspolitische Zugeständnisse machte. Im selben Jahr begannen in Köln Friedensgespräche zwischen den zerstrittenen Parteien, die sich fast das ganze Jahr hinzogen. Sie blieben am Ende ergebnislos. Am 26. Juli 1581 sagten sich die holländischen Generalstaaten förmlich von den Niederlanden los und versuchten nun, möglichst viel fremde Hilfe, vor allem aus Frankreich und England, zu bekommen. Ein paar Monate nachdem Philipp als König von Portugal anerkannt worden war, erklärten ihn die Generalstaaten für abgesetzt, sie setzten Herzog Franz von Anjou an seine Stelle.[157]

Der Krieg in den Niederlanden ging weiter, Jahr um Jahr. Bald verpflichtete sich die englische Königin Elisabeth I. im Vertrag von Nonsuch (20. August 1585), den Holländern militärische und politische Berater an die Seite zu stellen: mehr als sechstausend Fußsoldaten und tausend Pferde; die englische Königin trug fortan ein Viertel des Militärbudgets der Republik, und ihr Günstling, Graf Leicester, übernahm das Amt des Generalgouverneurs der Generalstaaten.[158] Außerdem entsandte die englische Regierung eine Flotte von 25 Kriegsschiffen unter Sir Francis Drake in die Ka-

Die Niederlande in Gestalt einer Milchkuh – gefüttert von Elisabeth I. von England, geprügelt von Philipp II., gemolken von Wilhelm von Oranien. Gemälde eines flämischen Künstlers, um 1585

ribik mit dem ausdrücklichen Befehl, dort den Spaniern nachzustellen und spanisches Eigentum in Westindien zu zerstören. Vor ihrer Fahrt über den Atlantik plünderte diese Flotte die spanische Stadt Vigo. Dann fuhr sie aus und richtete in den spanischen Besitzungen in der Karibik beträchtliche Schäden an. König Philipp hatte Grund zu glauben, dass die Engländer das Feuer des Aufstands in den Niederlanden noch anfachten. Im Jahr 1585 ergriff er Maßnahmen gegen England und erwog eine Invasion. Sein Halbbruder, Don Juan d'Austria, hatte schon viel früher vorgeschlagen, eine Eroberung Englands zu unternehmen und Elisabeth von ihrem Thron zu stoßen – dies allerdings erst dann, wenn zuvor die Niederlande zurückgewonnen seien. Philipp wollte diesen Plan nun genau in umgekehrter Reihenfolge verwirklichen.

Philipp konnte sein oberstes Ziel – eine Befriedung der Niederlande – nur erreichen, wenn zugleich zwischen Frankreich und Spanien Frieden herrschte. Erst viele Jahre nach dem Untergang seiner großen Armada, anno 1597, erkannte Philipp endlich, dass

Isabella, die Lieblingstochter Philipps II. und Statthalterin der Niederlande. Gemälde von Alonso Sanchez Coello, 1579

ein spanischer Sieg nicht mehr möglich war, dass es eine ausgehandelte Lösung geben müsse. Zeitweise hatte er daran gedacht, die Niederlande zu einem weitgehend selbständigen Staat zu machen, von einem seiner österreichischen Verwandten regiert, vielleicht von Erzherzog Ernst von Österreich, der seine Lieblingstochter Isabella heiraten sollte. Aber Ernst starb, bevor es dazu kam. Danach richteten sich Philipps Gedanken auf dessen Bruder, Albert. Lange dachte Philipp über Lösungen nach, bis er die Niederlande in Kenntnis setzte, dass als ihr Regent – nach seinem Tod – seine Tochter Isabella mit Albert sein würde. Einige Monate vor seinem Tod ließ er diesen Abtretungsakt – am 6. Mai 1598 – von seinem Sohn, dem künftigen König Philipp III., unterzeichnen.[159]

Der Untergang der «Unbesiegbaren Armada»

Unter Königin Marias I. Tudor Nachfolgerin, ihrer Halbschwester Elisabeth, war England wieder ins protestantische Lager zurückgekehrt und dem Kurs gefolgt, den bereits der Vater der beiden Königinnen, Heinrich VIII., eingeschlagen hatte. England war unter

Elisabeth wieder ein protestantisches Land; und König Philipp war der bedeutendste weltliche Vertreter des alten Glaubens. Aber hatte er nicht auch Anspruch auf diese Krone? War die Halbschwester seiner verstorbenen Gemahlin mehr berechtigt, dieses Land zu regieren als er, König Philipp? Der spanische Monarch hatte da seine Zweifel, und er wäre gern bereit gewesen, sich an ihrem Sturz zu beteiligen. Schon 1583 beriet er sich mit dem Herzog von Guise, ob man nicht Elisabeth stürzen und die von ihr in Gewahrsam gehaltene schottische Königin Maria Stuart, eine Katholikin, befreien könne. Guise meinte, dazu benötige er sehr viel Geld und die Hilfe Roms.[160] Philipps Intrigen gingen insgeheim weiter, und im Jahr darauf, 1584, nach einem Attentatsversuch auf das Leben Elisabeths I., wiesen die Engländer seinen Botschafter Bernardino de Mendoza aus und beschuldigten ihn, an dem Komplott gegen das Leben ihrer Königin beteiligt gewesen zu sein. Diese Beschuldigung entbehrte nicht der Grundlage. Ein gewisser Francis Throckmorton – in Schillers Trauerspiel «Maria Stuart» tritt er unter dem Namen Mortimer auf – war zuvor verhaftet worden und hatte unter Folter gestanden, im Einvernehmen mit dem spanischen König ein Attentat auf die Königin von England vorbereitet zu haben.

Seit 1580 war Philipp auch König von Portugal. Damit verschoben sich seine Interessenssphären westwärts, an den Atlantik, wo sie mit denen Englands zusammenstießen. Elisabeth von England unterzeichnete wenige Tage nach dem Fall Antwerpens – am 20. August 1585 – mit Abgesandten der Generalstaaten einen Vertrag, in dem sie sich zur jährlichen Zahlung von Subsidiengeldern an die holländischen Rebellen verpflichtete. Sie stationierte Soldaten in mehreren holländischen Städten und leistete somit seinen Widersachern Beistand.

Schon im Mai 1585 befahl Philipp, alle Schiffe in spanischen Häfen mit holländischen Waren an Bord festzuhalten, viele davon waren englische Schiffe.[161] Philipps Entschluss, England von der See her anzugreifen, fiel dann spätestens im Oktober 1585. Natürlich wusste Philipp auch von der immer größeren Anzahl englischer Piraten in spanisch-amerikanischen Gewässern. Außerdem drängte ihn Papst Sixtus V., etwas gegen England zu unternehmen. Das war auch Philipps Wunsch; aber ein solcher Schritt bedurfte

Königin Elisabeth I. von England. Nicholas Hillard zugeschriebenes Bildnis, um 1575

der Vorbereitungen: Im Januar 1586 bat Philipp den alten, kriegserfahrenen Alvaro de Bazán, Marquis von Santa Cruz, für eine Invasion Englands einen Plan auszuarbeiten. Dem Papst gab er derweil zu verstehen, dass er seinem Wunsch nachkommen werde. Im Sommer 1586 wurde bekannt, dass ein Engländer namens Anthony Babington ein Komplott gegen Elisabeth versucht hatte und damit gescheitert war. Aber das Komplott zeigt doch, dass es Zentren des Widerstands in England gab und sie nicht den vollen Rückhalt ihres Volkes genoss.[162]

Im Januar 1587 legte die spanische Regierung eine Schätzung vor, wie teuer wohl ein solches Unternehmen sein würde und wie sie die Gelder dafür auftreiben könne. Bald war auf spanischer Seite von 150 Schiffen und 55 000 Mann die Rede – für die damalige Zeit ein riesiges Unternehmen. Die Schätzung der Kosten belief sich auf 7 Millionen Dukaten. Als die italienischen Untertanen des Königs sich weigerten, für die Invasion Englands neue Steuern aufzubringen, schrieb ihnen Philipp: *Außer in den dringendsten Fällen ist es nicht Sitte, die Belastungen eines Reiches auf ein anderes auszudehnen. […] Da Gott mir so viele Reiche anvertraut hat und ich für alle die Verantwortung zu tragen habe und da mit der Verteidigung eines allen gedient ist, sollen mir auch alle helfen.*[163]

Bald kommen aus England schlimme Nachrichten: Dort schmachtet seit langem die Katholikin Maria Stuart in Elisabeths Kerker. Die Schottin Maria Stuart war bis zum Tod ihres Mannes, des französischen Königs Franz II., im Jahr 1560 zwei Jahre lang Königin von Frankreich gewesen. Für ihre Cousine Elisabeth war sie ein Produkt des katholischen Frankreich, das auf den englischen Thron Anspruch erhob. Als Elisabeth am 18. Februar 1587 Maria Stuart hinrichten lässt, scheint sie geglaubt zu haben, damit den religiösen Zwist von ihrem Reich abzuwenden. Aber in Spanien fasst man die Exekution der schottischen Königin als eine neue Beleidigung der spanischen und zugleich der katholischen Ehre auf.[164] Philipp lässt im Escorial für Maria Stuart ein feierliches Hochamt lesen. *Ich bin tieftraurig über Marias Tod*, schreibt er, *da sie das bestgeeignete Instrument gewesen wäre, jene Länder (d. h. England und Schottland) zum katholischen Glauben zurückzuführen. Aber da Gott in Seiner Weisheit anders entschieden hat, wird Er wohl auch andere Werkzeuge für den Sieg Seiner Sache benützen.*[165]

Bildnis der schottischen Königin Maria Stewart (Stuart). Zeichnung von François Clouet, 1559

Ein weiterer Grund für eine Invasion Englands sind für Philipp die Niederlande. Immer mehr Spanier glauben inzwischen, dass der Schlüssel für den Sieg in den Niederlanden in London zu finden sei, dass Spanien dort niemals zu Rande kommen werde, solange England die niederländischen Rebellen unterstützt. Inzwischen steht eine große Zahl englischer Soldaten in den Niederlanden.

Im April 1587 erlauben sich die Engländer eine weitere Dreistigkeit: Sir Francis Drake, der berühmte Seemann und Freibeuter, fällt mit einer Hand voll Schiffe in Cádiz über die Flotte Philipps her und beschädigt einige spanische Schiffe schwer, außerdem zerstört er beträchtliche Mengen an Proviant und Munition. Dann segelt er auf und davon. Philipp kann sich ausmalen, wie Königin

Elisabeth das genießt. Er ist wütend. «Den Bart des Königs von Spanien zu versengen» wurde unter den Briten seither zu einem geflügelten Wort. Danach gibt es eine Reihe von Ereignissen, die Philipp darin bestärken, dass er England bestrafen muss: Etliche Male überfallen englische Freibeuter spanische Schiffe und plündern sie aus.[166]

König Philipp beginnt indessen seine Flotte im Atlantik aufzurüsten. Bis Mai 1587 sind schon 130 Schiffe und fast 19 000 Mann versammelt – da bricht eine Typhusepidemie an Bord aus, binnen eines halben Monats rafft sie an die 2000 Seeleute hinweg. Die Seuche ergreift auch den greisen Anführer, den Marquis von Santa Cruz. Die Vorbereitungen erlahmen, die Flotte verfällt. Als Philipp davon erfährt, ist er ärgerlich. Im Januar 1588 setzt er einen eigenen Untersucher ein, der herausfinden soll, warum die Vorbereitungen nicht vorangehen. Der Grund: Santa Cruz ist schwer erkrankt und versucht vergeblich, die Sache vom Krankenbett aus voranzutreiben. Am 9. Februar 1588 stirbt er. Nun ernennt der König den bedeutend jüngeren Herzog von Medina Sidonia, Alonso Pérez de Guzmán, der während des Portugalfeldzugs seine militärische Befähigung auch zur See unter Beweis gestellt hat.

Elisabeth – und mit ihr England – ist derweil gut gerüstet: Schon ihr Vater, König Heinrich VIII., gab für seine Marine mehr Geld aus als jeder andere Monarch seiner Zeit und setzte damit nur eine ältere englische Tradition fort. Der Verlust seiner festländischen Besitzungen in Aquitanien und zuletzt von Calais, 1558, hatte ihn überzeugt, dass Englands Zukunft auf dem Meer läge. Dreißig Jahre später war Elisabeth die Herrin des Ozeans und Gebieterin über die stärkste Flotte in Europa.

Elisabeth I. Tudor, Königin von England, *7. 9. 1533, † 24. 3. 1603. Elisabeth war eine Tochter König Heinrichs VIII. und seiner zweiten Gemahlin, Anne Boleyn, daher war Elisabeths Thronfolgerecht anfangs zweifelhaft. Sie folgte 1558 ihrer Halbschwester Maria I. auf dem Thron, wo sie sich – den Spuren ihres Vaters folgend – als äußerst energisch und zielstrebig erwies. Ihr wichtigster Berater war (bis 1598) William Cecil, Baron Burghley. Elisabeth erhob die Anglikanische Kirche endgültig zur englischen Staatskirche. Sie wurde 1570 von Papst Pius V. exkommuniziert. Gegen ihr Leben fanden mehrere Verschwörungen statt. Der Sieg über die spanische Armada (1588) erleichterte England die Öffnung von Kolonien in der Neuen Welt. Elisabeth blieb unverheiratet und starb kinderlos.

Der Zustand der englischen Flotte ist in London ein Geheimnis; aber Philipp ist durch seine Mittelsmänner ganz gut im Bild. Mit Blick auf seine eigene Flotte verfährt Spanien genau umgekehrt: Ihr Oberbefehlshaber fertigt über die Armada einen sehr umfangreichen Bericht an, der sogar in gedruckter Form erscheint, während die Armada noch im Hafen von Lissabon liegt. Will König Philipp einfach den Feind beeindrucken? Wahrscheinlich schätzt der Kriegsrat in Madrid den propagandistischen Wert dieses Berichts für sehr hoch ein, er sollte wohl England einschüchtern.[167]

Im Mai 1588 sind im Hafen von Lissabon an die 130 Schiffe mit 33000 Mann an Bord versammelt, eine beträchtliche Streitmacht. Unter den seefahrenden Soldaten ist einer, der einmal eine Berühmtheit sein wird: Wie der Dichter Miguel de Cervantes 1571 an der Schlacht von Lepanto teilnahm, so diesmal der Dramatiker Lope de Vega. Am 28. Mai 1588 verlassen die Schiffe den Tejo und fahren auf die hohe See hinaus. Im Nordwesten Spaniens, in La Coruña, in Galizien, legt die Flotte noch einmal an. Aber noch bevor die Schiffe in den Ärmelkanal einfahren, kommen schwere Stürme auf und treiben sie auseinander. In den letzten Julitagen kreuzen sie südlich der englischen Südwestspitze, vor Cornwall. In den ersten Augusttagen – nach dem neuen Gregorianischen Kalender, für das protestantische England ist es noch Juli – kommt es im Kanal, in Sichtweite der englischen Südküste, zu den ersten Scharmützeln zwischen spanischen Angreifern und englischen Schiffen. Dabei erweisen sich die Briten als überlegen.[168]

Nach mehreren kleinen Seegefechten im Ärmelkanal greifen die Engländer bei Calais an, wo die Armada vor Anker gegangen ist und – am Ende vergeblich – auf spanische Hilfe aus den Niederlanden wartet. Sehr bald wird eines deutlich: Die Spanier haben große Schiffe, auf die sie reguläre Infanteristen gestellt haben. Für sie ist das wie bei einer Landschlacht, nur eben auf See. Die meisten der spanischen Kanoniere haben nie zuvor vom Deck eines Schiffes – noch dazu vielleicht eines schlingernden Schiffes – einen Schuss abgefeuert. Die Engländer hingegen verfügen über eine Vielzahl von kleinen Schiffen, aber ihre Besatzungen bestehen aus erfahrenen Seeleuten, die ihr Handwerk verstehen. Sie haben sogar einige Feuerschiffe mit dabei, die sie zwischen die gro-

Die englischen Feuerschiffe werden gegen die spanische Armada geschickt. Niederländische Schule, 16. Jahrhundert

ßen Schiffe der Spanier treiben lassen, um sie in Brand zu stecken und zu versenken. Der Architekt dieser Höllenmaschinen ist ein italienischer Ingenieur namens Giambelli.[169]

Ein weiterer Umstand behindert die Angreifer: Widrige Winde kommen auf und verschaffen den meererfahrenen Engländern große Vorteile. Sie schlagen die Armada, die nun, sich verstreuend – ohne Lotsen oder Karten an Bord, denn darauf war niemand vorbereitet – nach Norden treibt. Die Armada löst sich auf, verliert den Zusammenhalt; ihre Schiffe umrunden einzeln oder in verlorenen Haufen Schottland, zwischen den Orkneys und den Shetland-Inseln hindurch, dann westlich von Irland vorbei, einzelne Schiffe treiben sehr viel weiter nördlich, rund zwei Drittel von ihnen finden schließlich schwer angeschlagen nach Spanien zurück.

Insgeheim haben Philipp und seine Untertanen wohl gehofft, die Engländer – oder wenigstens die Minderheit der Katholiken unter ihnen – würden sich erheben und auf ihrer Seite stehen, sobald die Kunde von den ersten Seesiegen oder der spanischen Landung sich verbreitete. Doch diese Kunde kam nicht. Wenn die spanischen Soldaten erst einmal an Land waren, dachte man in

Spanien, dann könne man England zwingen, wichtige Zugeständnisse zu machen, nämlich 1. die Tolerierung des katholischen Gottesdienstes in England, 2. die Preisgabe der niederländischen Städte, in denen englische Truppen stationiert sind, vor allem Vlissingen mit seinem Zugang nach Antwerpen und vielleicht sogar 3. die Zahlung einer Kriegsentschädigung.[170]

Sicherlich gab es kriegerischen Mut und gute Führung auf beiden Seiten; aber an Erfahrung auf See waren die Engländer den Spaniern weit überlegen. Die Engländer hatten als alte Seefahrernation die besseren Schiffe und die leistungsstärkeren Kanonen, ihre Mannschaften waren besser ausgebildet und aufeinander eingespielt, sie bildeten ein großes Team. Sie kannten auch die Gewässer, in denen sie operierten, und konnten daher die Spanier leicht übertölpeln. Außerdem konnten sie sich mit allem Nötigen – vor allem Essen und Munition – jederzeit versorgen; die Spanier hingegen mussten alles mit sich führen. Und sie waren wohl besser motiviert für diesen Kampf und für den Sieg, denn bei ihnen ging es um etwas, um ihr Vaterland.[171]

Etwas mehr als die Hälfte der Spanier kehrt also im Lauf der Zeit zurück, an die 15 000 Seeleute und Soldaten finden den Tod. Für Spanien ist es ein schrecklicher Verlust. Es war der 13. Oktober 1588 neuen Stils, als Philipp von dem Unglück erfuhr. Er soll diese schlimme Kunde erstaunlich gelassen aufgenommen haben. Es ging König Philipp nicht gut in diesen Tagen, er litt an einer Krankheit, von der die diplomatischen Vertreter an seinem Hofe glaubten, sie sei die Folge von Angst und Enttäuschung. Tränen vergoss dieser König nur dann, wenn niemand es zu sehen vermochte; aber der päpstliche Nuntius meinte, Philipps Augen seien vom nächtlichen Aktenstudium und vom Weinen ganz entzündet.[172]

Angesichts dieser Niederlage sandte Philipp einen Zirkularbrief an alle spanischen Bischöfe, in denen er darum bat, in allen Kirchen einen Gottesdienst abzuhalten und Gott dafür zu danken, dass nicht alles zerstört worden war. Seine Äußerungen in der Öffentlichkeit klangen philosophisch: *Ich sandte die Flotte aus gegen Menschen, nicht gegen Wind und Wetter,* das waren seine Worte.[173]

Die Vorgänge des Herbstes 1588 ließen den König um Jahre altern. Nach 1588 scheint Philipps Haut diese seltsame Blässe anzunehmen, und die Ringe unter seinen Augen begannen wie kleine Säcke herabzuhängen. Sein Bart, der zuvor noch einen Anschein von Farbe besessen hatte, verwandelte sich nun ins reinste Weiß, er wurde immer länger und wirkt auf einigen Porträts seltsam vernachlässigt. Fortan ging der König seltener unter Menschen, er mied die Öffentlichkeit und ließ sich von immer weniger Menschen aufsuchen, er arbeitete noch länger und war noch viel einsamer, wenn er des Nachts in seiner Studierstube saß und grübelte.

Militärisch war das ganze Unternehmen ein einziger Misserfolg. Aber man sollte nicht übersehen, dass diese Niederlage der spanischen Regierung deutlich vor Augen führte, dass Spanien große militärische Reformen einleiten musste. Dies geschah – und im folgenden Jahrzehnt unternahm Philipps Armada erneut Vorstöße gegen England, allerdings mit dem gleichen Ergebnis wie 1588. Trotzdem bewunderten die Zeitgenossen immer noch den spanischen Staatsapparat und was er zu leisten vermochte. Der spanische König erschien ihnen noch immer als das mächtigste Sterbliche der Christenheit, wenn nicht sogar im ganzen Erdenrund.

Gold und Silber der Neuen Welt

Kriege haben stets viel Geld gekostet, und verlorene Kriege machen da keine Ausnahme. Nicht selten folgen ihnen gewaltige Preissteigerungen, begleitet von tief greifenden Zerrüttungen des Staatshaushalts und einem Staatsbankrott. Kriege verschlingen ungeheuer viel Geld. Die Niederlage der Armada kostete den spanischen Staatshaushalt rund zehn Millionen Dukaten, und der Krieg in den Niederlanden verschlang weiterhin jährlich etwa zwei Millionen. Ein Jahr nach der Niederlage der Armada, im Jahr 1589, gaben die kastilischen Stände notgedrungen ihre Zustimmung für eine neue Steuer, die jährlich acht Millionen Dukaten einbringen sollte.

Die spanischen Habsburger gaben Geld aus, als strebten sie darin die Weltmeisterschaft an. Ihre Finanziers waren zu Zeiten Karls V. in erster Linie die Fugger. Philipps Vater verprasste in den

Kriegen gegen Frankreich und die Türken ungeheuer viel Geld, er ließ in der ersten Jahrhunderthälfte dafür die Niederlande gehörig zur Ader. Karl gab das Geld rücksichtslos aus, die Ratschläge seines Finanzfachmannes Francisco de los Cobos schlug er bedenkenlos in den Wind. Cobos scheiterte als Finanzminister, weil Karl Unmögliches von ihm verlangte.[174]

Schon vor dem Ende von Karls Regierung, nach den langen Kriegen mit Frankreich, hatte Spanien beträchtliche Schwierigkeiten, die Summen zu beschaffen, die Karls Kriege kosteten. Im Herbst 1552 musste Philipp im Auftrag seines Vaters zu den Geldflüssen aus der Neuen Welt seine Zuflucht nehmen, das heißt, auf sie gestützt Kredite aufnehmen. Und im folgenden November, 1553, forderte Karl schon wieder von ihm, neue Gelder zu beschaffen.[175]

Das war überhaupt das Geheimnis von Spaniens Geldflut – die Neue Welt. Philipps Spanien war kein reiches Land; fast der gesamte Reichtum, über den Philipp verfügte, kam aus der Neuen Welt. Die Spanier suchten in Amerika nach Gold, von Anfang an war das Gold eines ihrer wichtigsten Ziele, man kann es im «Bordbuch» des Kolumbus nachlesen. In den ersten Jahrzehnten des 16. Jahrhunderts waren die Edelmetallfunde noch gering; aber nach 1530 floss das Gold doch in beträchtlichen Mengen von der Neuen in die Alte Welt. Zwischen 1531 und 1540 kamen beinahe 15 Tonnen Gold aus Amerika nach Spanien, im folgenden Jahrzehnt waren es schon 25 Tonnen und im sechsten gar 43. Nach 1560 wird es allerdings wieder weniger, die Menge fällt in diesem Jahrzehnt auf unter 10 Tonnen. Dann stieg sie wieder auf fast 19,5 Tonnen im letzten Jahrzehnt. Nur ein kleiner Teil davon, ein Fünftel, ging an die Krone.[176]

Weitaus bedeutender war die Gewinnung von Silber. Schon kurz vor Philipps Thronantritt, 1545, wurden in Peru, südlich des Titicaca-Sees, am Cerro Rico de Potosí in 4700 Meter Höhe gewaltige Silbervorkommen entdeckt. Im Jahr darauf begann auch in Zacatecas in Nordmexiko die Ausbeute.[177] Mit Hilfe einer neuen Methode, eines Amalgamierungsverfahrens – wobei größere Mengen an Quecksilber aus den Minen der spanischen Gruben von Almaden eingesetzt wurden – gelang es gegen 1560, ohne großen Aufwand das amerikanische Silber abzubauen. Der Aufstieg der

Der Abbau von Gold durch Indianer im spanischen Südamerika. Kupferstich von Theodor de Bry, 1594

amerikanischen Silberproduktion zeigt sich daher auch spiegelbildlich an den Fördermengen des Quecksilbers von Almaden. Die Gruben von Potosí und vor allem die in Mexiko wurden bald berühmt für ihren Silberreichtum. Silber strömte seit 1530 herein, in einzelnen Jahrzehnten über 300 Tonnen; im Jahrzehnt nach 1570 wurde erstmals die Schwelle von 1000 Tonnen überschritten, zwischen 1580 und dem Jahr 1600 waren es pro Jahrzehnt sogar deutlich mehr als 2000 Tonnen.[178] Entsprechend dieser gewaltigen Zufuhr fiel auch der Preis für Silber gegenüber dem Goldpreis: Er machte unter Karl V. noch ein Zehntel des Goldpreises aus und fiel unter Philipp auf 1:12. Zwischen 1503 und 1660 trafen insgesamt etwa 16 000 Tonnen Silber aus der Neuen Welt in Sevilla ein, hingegen nur etwa 185 Tonnen Gold, und halfen die Bestände an Silber in Europa zu verdreifachen.

Um diese Mengen an Edelmetall sicher nach Spanien zu befördern, ordnete Philipp 1561 an, dass jedes Jahr zwei Flotten nach Amerika auslaufen sollten, die eine im Frühjahr, die andere im

Sommer. Die Frühjahrsflotte fuhr im April aus, ihr Ziel war Veracruz, das Ziel der Sommerflotte war Porto Bello an der Landenge von Panama.

Durch den Zustrom von Edelmetall entspannte sich die Lage des spanischen Staatshaushalts wieder etwas, wenigstens zeitweise. Solange Francisco de Toledo als Vizekönig von Peru an des Königs Statt dort regierte, nahmen die jährlichen Einnahmen zwischen 1568 und 1580 von 100 000 auf über eine Million Dukaten pro Jahr zu. Aber höheren Einnahmen folgen in der Regel höhere Ausgaben, das ist bei Staaten nicht anders als bei Privatleuten. Mehr noch, die Phantasie ist bei den Ausgaben zumeist noch größer als mit Blick auf mögliche Einnahmen.

Die öffentlichen Finanzen von Kastilien hatten 1560 Einnahmen in Höhe von etwa 3,1 Millionen Dukaten zu verzeichnen; bis 1575 waren sie auf 5,5 Millionen Dukaten angestiegen. 1598, im Todesjahr Philipps, erreichten die Einnahmen 9,7 Millionen Dukaten. Doch die Ausgaben des spanischen Staates wuchsen noch sehr viel schneller, sodass im selben Zeitraum auch die staatliche Verschuldung beträchtlich zunahm, nämlich von 2,5 auf über 40 Millionen im Jahr 1575 und auf 85 Millionen Dukaten 1598. Der jährliche Schuldendienst stieg von 1,6 über 2,7 auf 4,6 Millionen Dukaten.[179]

Am 18. August 1577 traf in Sevilla eine aus 55 Schiffen bestehende Flotte aus den Westindischen Inseln ein, die mehr als zwei Millionen Dukaten in Gestalt von Goldbarren mit sich führte. Das Fünftel, das der Krone zustand, war weit mehr, als König Philipp je zuvor erhalten hatte. Einige Wochen später kam daher auch eine Übereinkunft mit seinen genuesischen Bankiers zustande, in der Philipp sich verpflichtete, die noch ausstehenden Staatsschulden zu übernehmen; dafür sollte er von ihnen eine neue Anleihe über 5 Millionen Dukaten erhalten, zahlbar in Italien, und zwar in mehreren Tranchen, 1578 und 1579. Das gab dem König neuen Spielraum in den Niederlanden: Nun konnte er dort also getrost weiterkämpfen.[180]

Mitte der 1580er Jahre war König Philipp – dank der Goldströme aus der Neuen Welt – wieder etwas besser bei Kasse. Er konnte große Begleitschiffe mit Gold und Silber von Spanien nach Italien entsenden; was sie an Schätzen mit sich trugen, war für den

Krieg in Flandern bestimmt. 1584 und 1585 trafen Philipps Gelder schon im Voraus ein, und dank dieser Gelder konnten nun seine Truppen die gesamten südlichen Niederlande und Antwerpen erobern. Dies geschah, nach einjähriger Belagerung, am 17. August 1585.[181]

Sehr viel schlechter wurde die finanzielle Situation für die Krone nach den großen Kosten, die Philipp für die Aussendung der «Unbesiegbaren Armada» aufzuwenden hatte. Sie beliefen sich allein für dieses Unternehmen auf annähernd 10 Millionen Dukaten – eine damals unvorstellbar große Summe. Und der Krieg in den Niederlanden ging gleichfalls weiter, und er ging nicht gut. Außerdem zahlte König Philipp seinen katholischen Verbündeten in Frankreich Subsidiengelder, die zwischen 1585 und 1590 weitere 3 Millionen Dukaten ausmachten. Das musste alles erst einmal aufgebracht werden.[182]

Einen weiteren Aderlass verursachten ihm die Freibeuter. Sie waren keine Seeräuber im herkömmlichen Sinne, die Freibeuter handelten im Einverständnis ihrer Regierung, und da sie zum größten Teil Engländer oder Niederländer waren, mit der Einwilligung Elisabeths I. Mehr als hundert von ihnen lagen beständig auf der Lauer auf spanische oder portugiesische Schiffe, die – reich beladen mit Gold und Silber – die Häfen Südamerikas in Richtung Sevilla verließen. Von Zeit zu Zeit überfielen die Freibeuter auch Orte in der Neuen Welt – Recife 1595, Puerto Rico 1598 – und brachten zeitweise den transatlantischen Verkehr zum Erliegen. Sie erbeuteten vermutlich zwischen einer halben und einer Million Dukaten im Jahr, aber möglicherweise erbeuteten die Niederländer noch viel mehr.

1589, im Jahr nach der Armada-Tragödie, wurde die Cortes gedrängt, eine neue Steuer zu beschließen, die als «millones» bekannt wurde. Sie sollte dem Fiskus rund 8 Millionen Dukaten bringen; aber ihre Eintreibung zog sich über fast ein Jahrzehnt hin und brachte nicht das erhoffte Ergebnis.[183]

Die Ständeversammlung von Kastilien sollte dazu überredet werden, die wichtige Verbrauchssteuer «alcabala» auf Nahrungsmittel zu verdreifachen. Das Komitee empfahl der Krone außerdem, eine Bankrotterklärung abzugeben, wie es auch schon 1557 und 1560 gemacht wurde – so ganz unerfahren war der spanische

Staat in derlei Dingen nicht. Das hieß allerdings nur, dass der Staat seine Schulden umwandelte: von kurzfristigen mit hohem Zinsfuß in langfristige mit niedrigerem. Allerdings war dazu auch das Einverständnis der Gläubiger einzuholen. Die Schulden waren dem spanischen Staat längst über den Kopf gewachsen; und König Philipp fehlte der Durchblick: *Ich habe es niemals geschafft, diese Probleme mit Anleihen und Zinsen in meinen Kopf zu bekommen; ich habe es nie geschafft, das zu verstehen,* sagte er einmal.[184]

Die Anhebung der Steuern und der von König Philipp angehäufte Schuldenberg hatten noch eine andere Seite: Der kastilische Durchschnittsbauer war am Ende von Philipps Herrschaft gezwungen, die Hälfte seines Einkommens für Steuern und grundherrschaftliche Gefälle abzuliefern. Unter Philipps Vater scheint die Steuerlast in Spanien insgesamt nicht zugenommen zu haben; unter Philipp stieg sie an, alleine zwischen 1556 und 1570 um etwa die Hälfte, und zwischen 1570 und 1600 noch einmal um rund 90 Prozent. Die Kaufkraft der Arbeitsentgelte – also der Reallohn – fiel vom zweiten zum letzten Jahrzehnt des 16. Jahrhunderts mindestens um ein Drittel. Das heißt, dass der Enkelsohn eines Mannes für ein bestimmtes Produkt wenigstens vier Stunden arbeiten musste, für das sein Großvater nur drei Stunden gearbeitet hatte.

Zu Beginn des 17. Jahrhunderts ging es den spanischen Bauern ausgesprochen schlecht. «Wenn man Bauer sagt, so denkt man an grobes Essen, Knoblauch- und Gerstenbrot, an die ungegerbten Lederschuhe und zerrissenen Kittel, die Narrenka-

Spanische Bauern. Ausschnitt aus dem Gemälde «Der Triumph des Bacchus» von Diego Velázquez, um 1629

puze und groben Krägen, die rupfenen Hemden und plumpen Tragbeutel, die halbzerfallenen Lehmhütten, den Fleck schlechtbebauter Erde und die paar mageren Rinder und an die Last der Hypotheken, Zinsen, Steuern und Abgaben», heißt es in einer Beschreibung von 1629.[185]

Angesichts des Stroms von Gold und Silber aus der Neuen Welt wurden sich die Spanier zu fein, selbst etwas anzufassen, man holte sich für die eigentliche Arbeit Fremde. Das Problem zeigt sich überall in der spanischen Wirtschaft. Das Land geriet ins Hintertreffen; reich gewordene Spanier legten ihr Kapital zum Beispiel nicht in der Eisenverarbeitung oder dem Textilgewerbe oder dem Schiffbau an, sondern lieber in landwirtschaftlichen Unternehmungen oder in aufwendigem, sichtbarem Konsum. Ende des 16. Jahrhunderts musste Spanien Weizen importieren, um seine Bevölkerung ernähren zu können – dies könnte freilich auch mit der Verschlechterung des Klimas zu tun haben. Gerade die letzten Ernten unter König Philipp waren schlecht, die von 1597 war sehr wenig ertragreich, und der folgende Winter war so kalt, dass Olivenbäume und Weinstöcke erfroren und selbst das ausgesäte Getreide Schaden nahm.[186]

Die Nahrungsmittel wurden knapper in diesen Jahren, aber Gold und Silber waren reichlich vorhanden – die Folge waren gewaltige Preissteigerungen. Einzelne Spanier, wie Martin de Azilpueta, verstanden diesen Mechanismus bereits: Wenn man einer gewissen Menge an Waren eine immer größere Menge an Geld gegenüberstellt, steigt das Preisniveau. Es kam zu Verzerrungen im gesamten Wirtschaftsgefüge, zu Inflation und Arbeitslosigkeit. Einzelne Regionen – vor allem die, die das Gold zuerst erreichte, also Andalusien mit seiner großen, schnell wachsenden Stadt Sevilla – litten unter dieser Entwicklung ganz besonders. Zudem verbreitete sich die Einstellung immer mehr, dass man eigentlich nicht mit seinen Händen arbeiten müsse. Philipps älterer Zeitgenosse, der Humanist Philipp Melanchthon, hat davon schon einiges verstanden; er schrieb: «Wer Schulen gründet und die Universitäten pflegt, der macht sich um sein Volk und die ganze Nachwelt besser verdient, als wenn er neue Silber- und Goldadern fände.»

Spanien stand in den 1590er Jahren in einer schweren Wirtschaftskrise, und sie war in erster Linie das Ergebnis von Philipps

Politik. Eines freilich haben Gold und Silber aus der Neuen Welt wohl doch mitbewirkt: Das «Goldene Zeitalter», das Mitte des 16. Jahrhunderts in Spanien einsetzte und rund hundert Jahre andauerte – eine Glanzzeit der spanischen Malerei und Literatur –, hat ganz sicherlich mit den Schätzen der Neuen Welt zu tun. Reichtum erlaubt Muße, und die Muße ist eine wesentliche Voraussetzung höherer Kultur.

Die Neue Welt

Der Genuese Christoph Kolumbus stand im Auftrag der Katholischen Majestäten Ferdinand und Isabella, als er 1492 in Richtung Indien westwärts über den Atlantik segelte. Zwei Jahre später hatte Papst Alexander VI. im Vertrag von Tordesillas 1494 die neu entdeckten Ländereien im Ozean – 370 Leguas (d. h. rund 1175 Seekilometer) westlich der Kapverdischen Inseln – entlang einer Linie, die von Pol zu Pol verlief, aufgeteilt und die westliche Hälfte Spanien zugewiesen, die östliche – im Wesentlichen das heutige Brasilien – Portugal. Wichtiger noch als der Vertrag von Tordesillas ist in diesem Zusammenhang der Vertrag von Zaragoza (1529), denn dieser Vertrag, zwischen Spanien und Portugal nach der Eroberung Amerikas und der Philippinen abgeschlossen, hat dann tatsächlich diese Aufteilung für lange Zeit festgeschrieben.[187]

König Philipp II. herrschte über ein unermesslich großes Reich, das sich über weite Teile der neu entdeckten Welt erstreckte. Es überspannte viele Zeitzonen: Wenn die Bewohner der – nach Philipp II. benannten – Philippinen sich am Abend zu später Stunde niederlegten, war es in Madrid erst Mittag, und in Neu-Spanien jenseits des Atlantischen Ozeans zeigte sich gerade der junge Morgen. Irgendwo in diesem Reich schien immer die Sonne. Der kluge Lichtenberg meinte dazu: «Es kommt nicht darauf an, ob die Sonne in eines Monarchen Staaten nicht untergeht, wie sich Spanien ehedem rühmte, sondern was sie während ihres Laufes in diesen Staaten zu sehen bekommt.» Was bekam sie also zu sehen?

Zunächst, wie groß war zu Philipps Zeit die Bevölkerung dieses neu entdeckten Kontinents Amerika? Es fällt schwer, die

Karte Amerikas mit Darstellungen von Kolumbus, Amerigo Vespucci, Fernáo de Magelhães und Francisco Pizarro. Kupferstich von Theodor de Bry, 1596

Bevölkerung abzuschätzen, denn es fehlt zum einen an grundlegenden Daten, zum anderen fand auch in den Jahrzehnten nach der Eroberung, die in Mittelamerika 1519 begann, ein gewaltiger Bevölkerungsrückgang statt, der vor allem durch Seuchen verursacht wurde. Die Europäer brachten nämlich neue Infektionskrankheiten mit, vor allem die Pocken und Masern, Grippe und Pest, gegen die die amerikanischen Indianer keinerlei Immunität besaßen. Die Seuchen rafften sie hinweg.[188]

Neueren Schätzungen zufolge dürfte die präkolumbische Bevölkerung Amerikas zur Zeit der Entdeckung zwischen 35 und 45 Millionen Menschen betragen haben[189], ehe es – schon seit 1520 – zu einem Massensterben unter den Indianern kam. Dieser demographische Rückgang setzte sich noch bis weit in die zweite Hälfte des 16. Jahrhunderts fort. Im Hochland von Peru sollen im Jahr 1570 etwas mehr als eine Million Menschen gelebt haben, eine weitere Viertelmillion in der Küstenregion; bis 1585 sei diese Zahl auf 585 000 im Hochland und auf 87 000 an der Küste zusammengeschmolzen. Und für Mexiko und andere Teile der Neuen Welt dürften ganz ähnliche Relationen gelten.[190]

Sehr früh zog es auch Abenteurer aus Spanien in die Neue Welt, im 16. Jahrhundert waren es schätzungsweise zwei- bis dreitausend im Jahr, die meisten von ihnen kamen aus Spaniens Süden und Westen, aus der Estremadura und Andalusien; und nicht wenige von ihnen kehrten eines Tages dorthin zurück.[191] Philipps Spanien versuchte nicht, kriminelle Elemente aus der Heimat loszuwerden, indem man sie in die Neue Welt transportierte. Es fand allerdings auch eine Art der Zuwanderung unter Zwang statt, Sklavenhandel. Spanische Schiffe beförderten schwarze Sklaven aus Westafrika nach Amerika, tauschten sie dort gegen Güter wie Rum, die sie nach Europa brachten und verkauften; mit neuen Waren fuhren sie los gen Afrika, wo sie diese Waren gegen Sklaven tauschten, die sie dann wieder nach Westindien verschifften. Das brachte den spanischen Kaufleuten hohe Profite. Philipp schloss darüber mit einem privaten Unternehmer einen Vertrag ab, einen «asiento«, der den Unternehmer verpflichtete, in den folgenden neun Jahren wenigstens 31 500 Sklaven nach Amerika zu befördern. Dieser Sklavenhandel mit Schwarzafrikanern bestand trotz des heftigen Protestes der Kirche, vor allem einzelner Bettelorden,

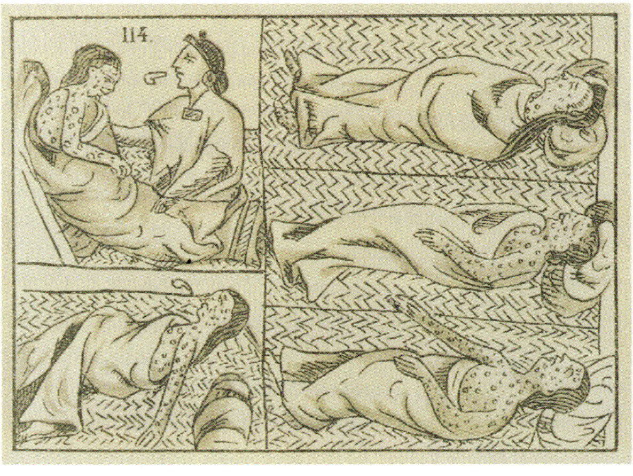

Pockenkranke Indianer, die blatternförmigen Pusteln sind gut zu sehen. Darstellung in Bernhardino de Sahagúns «Historia de las Cosas de Nueva España», 1569–75

die in Amerika bald sehr rührig waren. Amerikanische Indianer zu versklaven, war den Spaniern seit 1542 verboten.[192]

Die Versklavung der Indianer wurde noch unter Karl V. abgeschafft; aber die berüchtigte Zwangsarbeit, die «mita», blieb bestehen. Auch sie kostete viele Menschenleben. Schon die heftige Kritik der Dominikaner, allen voran die des Bartolomé de Las Casas, der später im südlichen Neu-Spanien, in Chiapas, Bischof wurde, und die nachfolgende Indianergesetzgebung von Karls «Indienrat» wird man keinesfalls gering schätzen dürfen, sie war in dem, was sie beabsichtigte, vorausblickend, ja einzigartig für diese Zeit. Die spanischen Erlasse von 1573 verfügten ausdrücklich, dass alle Eingeborenen Amerikas vernunftbegabte Wesen seien. Sie folgte darin einer Bulle von Papst Paul III. aus dem Jahr 1537, in der es hieß, dass sie Menschen mit einem natürlichen Recht auf Leben, Freiheit, Privatbesitz und soziale Organisation seien. Das waren schöne Worte, gewiss – die Wirklichkeit sah freilich längst nicht immer so menschenfreundlich aus.[193]

Zur neu entdeckten – nicht zur Neuen – Welt gehörten auch die Teile, die Spanier oder Reisende in spanischem Auftrag entdeckten, beispielsweise die Inseln im Stillen Ozean, die von dem Portugiesen Fernão de Magelhães erstmals gesichtet und von Spanien vereinnahmt wurden. Magelhães hatte am 10. August 1519 Spanien mit fünf Schiffen verlassen.[194] Er besuchte die Philippinen anno 1520 und fand dort den Tod, von Eingeborenen erschlagen. Der Admiral Miguel López de Legazpi suchte diesen Archipel 1564/65 auf persönliche Instruktion König Philipps auf, um ihn für die spanische Krone friedlich und ohne Blutvergießen in Besitz zu nehmen.[195] Bis 1586 waren auf dem philippinischen Archipel knapp hundert Missionare tätig, in den folgenden acht Jahren stieg ihre Zahl auf 267. Das erste dort gedruckte Buch war ein Handbuch über das Christentum, verfasst und gedruckt in der Sprache der Einheimischen, Tagalog, erschienen in Manila im Jahr 1593.[196]

König Philipp nahm an der Erschließung der Neuen Welt großen Anteil. Er hielt es für die vordringlichste Aufgabe, den Ureinwohnern das Christentum zu bringen und dort eine Art Bestandsaufnahme vorzunehmen. Er sandte Gelehrte aus, die in seinem Auftrag derlei Erhebungen durchführten: So entstand die «Geografia y descripción universal de las Indias» des López de Velasco von 1574, sie ist Philipp gewidmet und enthält die wichtigste und vollständigste Bevölkerungsstatistik Hispanoamerikas aus der frühen Kolonialzeit.[197] Und der Vizekönig von Peru, Francisco de Toledo, ließ die «Informaçiones acerca del Senorio y Gobierno de los Indios» niederschreiben, um die historischen Traditionen des Inkareichs festzuhalten. An König Philipp schrieb er anlässlich der Übersendung dieser «Informaçiones»: «Es folgt daraus mit aller Deutlichkeit, daß Seine Majestät der rechtmäßige Herr dieser Gebiete ist.»[198]

Philipp war die Missionierung sehr wichtig, daher ließ er schon als Regent 1547 drei amerikanische Erzbistümer einrichten, Mexiko-Stadt, Lima und Santo Domingo. In seiner Amtszeit zogen jährlich etwa 110 Mönche zur Heidenmission in die Neue Welt aus, vor allem Franziskaner und Dominikaner, nach 1570 auch noch – einige wenige – Jesuiten.[199] Eifersüchtig wachte der König darüber, dass nicht etwa «Lutheraner» hier eindrangen. Als im September 1565 britische Seefahrer sich zu weit vorwagten, ließ Menéndez de Avilés sie festsetzen und die meisten von ihnen töten. Als Philipp davon erfuhr, dankte er ihm dafür. *Was jene betrifft, die er tötete*, schrieb er an den Rand dieser Depesche, *hat er wohl getan; jene, die er am Leben ließ, mögen auf die Galeeren geschickt werden.*[200] Nicht weniger eifersüchtig wachte der spanische Monarch übrigens darüber, dass nicht etwa der Papst ihm in der Neuen Welt dreinzureden versuchte.

Philipps Missionare begannen, die Sprachen der Eingeborenen zu studieren; sie verfassten Grammatiken und Wörterbücher und schrieben Erbauungsbücher und Katechismen in diesen fremden Zungen. Als der «Indienrat» dem König vorschlug, Spanisch als Amtssprache durchzusetzen und die Eingeborenensprachen zu unterdrücken, war Philipp heftig dagegen: *Es erscheint nicht angebracht, sie [d. h. die Indianer] dazu zu zwingen, daß sie ihre Muttersprache aufgeben, aber es könnten Lehrer für diejenigen eingesetzt werden, die freiwillig die kastilische Sprache lernen möchten.*[201] Er machte es 1580 zur Pflicht, Predigten für die Indianer in deren Sprache vorzutragen. Philipp förderte das Erlernen ihrer Sprachen und ließ an den Universitäten von Lima und Mexiko Lehrstühle für das Studium der Indianersprachen einrichten und die in den einzelnen Vizekönigreichen dominierenden Sprachen zu Amtssprachen erklären. Er hat aber zugleich den Gebrauch des Spanischen unter den Eingeborenen zu fördern versucht.

Philipp war darauf bedacht, in den von ihm regierten Teilen der Neuen Welt – mehrere tausend Kilometer von Spanien entfernt – eine gute Verwaltung einzurichten, was allerdings mit wenig Personal nicht möglich war. Er unterteilte seinen Herrschaftsbereich in Amerika in zwei Vizekönigreiche, Neu-Spanien und Peru, und setzte dort Vizekönige ein. Neu-Spanien umfasste im Wesentlichen Mexiko, reichte aber nach Norden und Süden sehr viel weiter und schloss auch die Karibik ein. Peru war gleichfalls größer als der heutige Staat dieses Namens, zu ihm gehörte das nordwestliche Südamerika, die Hauptstadt war Lima.

Karl V. und später Philipp haben diesem Teil der Welt durchaus Sorgfalt und Aufmerksamkeit geschenkt, damit dort alles zum Guten bestellt sei; allein, es war nicht einfach, dies zu tun und dabei die Bedürfnisse und Ziele aller zu befriedigen. Die Krone wollte Ruhe und Ordnung; doch die Männer, die aus Spanien in die Neue Welt zogen, die Konquistadoren, dachten vor allem an ihren persönlichen Ruhm und Reichtum. Kurz bevor Philipp die Herrschaft antrat, zu Beginn der 1550er Jahre, erhoben sich die Kolonisten in Peru, weil sie sich in ihren Rechten durch die spanische Krone eingeengt fühlten. Der spanische Vizekönig, der Marquis von Cañete, bekam den Auftrag, diesen Aufstand niederzuwerfen, für diesen Zweck gab die Krone mehr als 300 000 Dukaten aus. Ein paar Jahre später kam es zu einer ähnlichen Erhebung auch in Mexiko.

Solche eigenmächtigen Ziele seiner Untertanen schwächten die Macht der spanischen Krone über Amerika. König Philipp entschloss sich daher im Jahr 1566 auf Rat von Kardinal Espinosa, ein Komitee einzurichten, das untersuchen sollte, wie man die überseeischen Teile seines Reiches besser verwalten könne.[202] Um diese Zeit gab es bereits an die vierhundert Franziskanermönche in Amerika, die dort achtzig Kirchen betreuten. Zehn Jahre später waren weit mehr als tausend Priester in der Neuen Welt tätig und versorgten dort neben den rund 100 000 Weißen auch die Einheimischen. Auch bei der Bildung hat Spanien seine Mission sehr ernst genommen: Immerhin gab es am Ende von Philipps Herrschaft bereits sechs Universitäten in Amerika, alle in Philipps

Machtbereich, also in Lateinamerika. Die dort lehrenden Professoren kamen aus Spanien. In Amerika gab es inzwischen an die zwanzig Druckereien; die Bücher, die sie druckten, erschienen fast alle in spanischer Sprache.

Philipp war zugleich der erste der spanischen Herrscher, der es sich offenbar zum Ziel gesetzt hatte, diese Länder für seine politischen Ziele einzuspannen. Allerdings war er auch bereit, diese Gebiete nicht im Rechtsstatus von Kolonien zu belassen, sondern sie zu Teilen des Mutterlandes in Übersee zu machen.[203] Dies war ihr Status am Ende seiner Herrschaft. Dafür verlangte der König aber auch einen Preis: Unter Philipp wurden schrittweise auch die im Mutterland gängigen Konsum- und Verkaufssteuern in Amerika eingeführt. Als die Indianer von ihren Feldfrüchten auch den zehnten Teil für die Kirche abgeben sollten, protestierte der Vizekönig Francisco de Toledo, dies sei eine allzu harte Maßnahme.[204]

Auch die Inquisition dehnte sich auf Amerika aus, und zwar auf ausdrückliches Geheiß Philipps vom 16. August 1579. Allerdings berührte sie anfangs nicht die in Glaubensdingen unerfahrenen Indianer, sondern nur die weißen Katholiken.[205]

Im letzten Jahrzehnt von Philipps Herrschaft, als dem greisen König die Zügel zu entgleiten drohten, herrschten in der Neuen Welt jedoch ziemlich üble Zustände: Seine Soldaten führten im Norden Mexikos Krieg gegen die Einheimischen, und in Chile kam es zu einem blutigen Krieg gegen die Araukaner, ein spanischer zeitgenössischer Chronist sprach vom «Flandern Westindiens».[206]

Philipps letzte Jahre

Die Gesundheit des Königs wurde seit langem immer schlechter: Malaria, Arthritis und Gicht, die auch seinem Vater so heftig zugesetzt hatten, hatten ihre Spuren hinterlassen. Als Philipp sechzig Jahre zählte, 1587, hatte er fast keinen Zahn mehr im Mund; seine Konzentrationskraft hatte stark nachgelassen; nur seine Augen blickten noch immer klar und streng in die Welt. Der alte Mann wirkte jetzt noch viel kleiner auf seine Umgebung.

Im Herbst 1592, als er 65 wurde, suchte ihn ein Anfall von fieberhafter Dysenterie heim. Er hatte schon mehrmals an Typhusinfektionen gelitten. Die letzte, 1580, war so stark, dass er seinem Sekretär Mateo Vázquez sein Testament diktierte. Aber nun musste er sich noch einmal auf dem Rücken eines Pferdes nach Aragón begeben, wo bürgerkriegsähnliche Zustände herrschten, und dort für Ordnung sorgen. Als seine Ärzte abrieten, entgegnete er: *Wenn ich sterbe, so sterbe ich in der Ausübung des Amtes, das Gott mir gegeben hat, um Seinem Volk Frieden und Gerechtigkeit zu verschaffen, in Kastilien ebenso wie in Aragón.*[207] Dieser Teil seines Reiches, Aragón, hatte sich seit den 1580er Jahren als der aufsässigste unter seiner Herrschaft erwiesen. Die Spannungen hatten vor allem damit zu tun, dass hier 50000 oder 60000 Morisken lebten, ein beträchtlicher Teil von ihnen als Arbeiter auf großen Landgütern. Die Probleme in Aragón wuchsen derart an, dass Philipp 1591 eine Armee dorthin entsenden musste, um die Ruhe wieder herzustellen. Diese Reise setzte dem alten Mann heftig zu.

Seine Gesundheit nahm ab und mit ihr auch sein Wille zu leben. Im Winter 1594/95 verlangte ein neuer Krieg mit Frankreich noch einmal seine ganze Aufmerksamkeit. Im Mai 1595 lag er einen Monat lang auf dem Krankenlager, von Fieber gequält; die Ärzte sagten, «sein Körper ist so ausgetrocknet und geschwächt, dass man kaum glauben könne, er werde in diesem Zustand noch sehr viel länger leben». Arthritis und Gicht quälten ihn. Philipp bediente sich jetzt eines beweglichen Stuhls, ähnlich dem, den sein Vater benützt hatte. Im August 1596 wurde er in diesem Stuhl in einem Bauerndorf unweit des Escorial von einem heftigen Gewitter überrascht. Eine ganze Weile goss es in Strömen, aber der Stuhl war so schwer zu bewegen, dass es sich als unmöglich erwies, den König in Sicherheit zu bringen, und er selbst war außerstande, sich zu erheben. Philipp saß also im Regen, bis er völlig durchweicht war.[208]

Die letzen drei Jahre seines Lebens war er fast ständig ans Bett gefesselt oder saß in einem seiner Spezialstühle. Seine Konzentration ließ nun merklich nach. Er schlief viel. Lange Krankheitsphasen hielten ihn davon ab, sich wirklich in die Staatsgeschäfte zu vertiefen. Seine nähere Umgebung, der Hof, begann sich darauf einzustellen.

Das Frühjahr 1598 war dann sein letztes. Philipp war todkrank, er litt an Wassersucht; eine chronische Nierenzündung, Arthritis und Gicht unterhöhlten seine Kraft. Der Leib war aufgequollen von Ödemen, Arme und Beine waren dagegen völlig abgemagert. Sein Aussehen war das eines Todgeweihten. Der florentinische Gesandte Camillo Guidi beschrieb die Gesichtsfarbe als leichenblass, seine Lippen seien vom Fieber immer aufgesprungen und sein Mund stünde offen.

Gegen Jahresmitte 1598 hatte Philipp selbst den Eindruck, dieses Frühjahr sei für ihn das letzte gewesen. Er befahl, ihn auf das Sterben vorzubereiten und ihn dazu in den Escorial zu schaffen. Am 30. Juni 1598 verließ er auf einer Bahre mit großem Gefolge den Alcázar von Madrid, einige kräftige Diener trugen die Bahre mit dem König auf ihren Schultern. Der Weg zum Escorial war steinig und schlecht. Es bedurfte vieler kleiner Tagesetappen, da der Zug nur langsam vorankam. Die Sonne brannte gnadenlos in diesen Sommertagen. Die Reise, die auf dem Pferd in sechs Stunden zu bewältigen ist, dauerte sechs Tage – sechs lange Tage in glühender Hitze.

Verstellbarer Spezialstuhl von Kaiser Karl V. im Kloster von San Yuste

Als sie im Escorial eintreffen, ist Philipp glücklich, in sein geliebtes Haus zurückzukehren, noch einmal, zum letzten Mal. Am nächsten Morgen lässt er sich auf der Bahre umhertragen – vielleicht um alles noch einmal zu sehen, vielleicht um Abschied zu nehmen für immer. Auf seiner Bahre wird der alte Mann durch den Garten getragen, durch die Kreuzgänge des Klosters, durch die Quartiere der Mönche, die Bibliothek, durch die Basilika, die Krypta, in der die Gebeine seiner Ahnen ruhen und wo bald auch er selbst seine letzte Ruhestätte finden wird. Dann verlangt er noch einmal nach Papier und Akten wie in alten Tagen.

Am 22. Juli 1598, einem Mittwoch, packt ihn erneut das Fieber. Es geht ihm schlecht in den nächsten Tagen und Wochen – mehr als sieben Wochen lang bleibt er unbeweglich in seinem Bett liegen, in seinem kleinen Schlafgemach im Escorial, von wo aus er zum Hochaltar hinübersehen kann. Fieber und Schmerz sorgen dafür, dass das Bewusstsein des Kranken zeitweise erlischt. Alles ist ihm zuwider, alles schmerzt ihn. Ende Juli breitet sich eine Infektion im ganzen Körper aus, am Knie zeigt sich ein mit Eiter gefüllter Abszess von der Größe eines Hühnereis. Der Chirurg, Juan de Vergara, öffnet ihn, ohne Betäubungsmittel. Weitere Schwellungen bilden sich, auf der Brust und in der Leistenregion.[208]

Eine schreckliche Maßnahme ergreift Philipp noch in diesen letzten Tagen seines Lebens. Mit hoher Wahrscheinlichkeit war König Philipp zeit seines Lebens ein Feind der Juden – kein rassistischer Antisemit, sondern ein Hasser der Anhänger der jüdischen Religion, die er für den Tod Christi verantwortlich hielt. Darin dürfte er schon als junger Mensch von seinem Lehrer und Beichtvater Juan Martínez Siliceo beeinflusst gewesen sein, der später, als Erzbischof von Toledo, die ersten antijüdischen Maßnahmen zur «Reinheit des Blutes» in Spanien verfügte. Jetzt, buchstäblich auf seinem Totenbett, setzte der König noch seine Unterschrift unter ein neues Dekret, in dessen Folge 900 Juden aus der Lombardei ausgewiesen wurden.[209]

Am 1. September kommt der Primas der spanischen Kirche, García de Loaysa, Erzbischof von Toledo, zu ihm, um seinem König die Letzte Ölung zu geben. Der kaiserliche Gesandte Johann Khevenhiller bekommt in diesen Tagen den Todgeweihten noch einmal zu Gesicht, als er – mit «übel riechendem, mit Geschwüren durchlöchertem, mit Läusen gequältem Leib» sich selbst die Hinfälligkeit alles irdischen Lebens vor Augen führte und deshalb dem kaiserlichen Gesandten seinen Leib entblößt, damit dieser den jammervollen Anblick wahrnehmen kann: *Ich wollte Euch diese Szene ersparen, aber ich wünsche, daß Ihr mich seht, wie die Monarchen zu Ende gehen*, waren dabei die Worte des Königs.[210]

Seine Pein ist groß, sie lässt ihn nicht mehr los. Sein Diener, Jehan Lhermite, schreibt über diese Zeit: «Der König musste zwangsläufig unter sich lassen, was ganz fraglos eine der schlimmsten vorstellbaren Qualen für ihn war, für ihn, der einmal einer der reinlichsten Menschen gewesen war, den die Welt je gesehen hat. [...] Er konnte in seinen Räumlichkeiten keinen Flecken auf den Wänden oder auf dem Fußboden dulden. [...] Der üble Geruch, der von seinen vielen Wunden ausströmte, war ein weiterer Quell der Pein für ihn, und bestimmt nicht der kleinste, wegen seiner übergroßen Empfindlichkeit gegenüber Schmutz, seinem hohen Sinn für Reinlichkeit.» [211]

König Philipp II. während seiner letzten Lebenstage. Gemälde von Pantoja de la Cruz

An diesen letzten Tagen ruht noch immer neben ihm auf seinem Krankenbett die Geißel, die sein Vater an seinem Körper verwendet hatte, um sich zu züchtigen, es klebt noch Blut daran. Philipp behält auch das Kreuz in nächster Nähe, das sein Vater und seine Mutter in der Stunde ihres Todes in ihren Händen hielten. Seinem Beichtvater hat Philipp gesagt, er wolle in den letzten Augenblicken seines Lebens bei vollem Bewusstsein sein. In der Nacht vom 12. auf den 13. September erwacht Philipp, sein Kopf ist klar, und er spürt, dass seine letzte Stunde gekommen ist. Er scheint erkannt zu haben, dass das Ende nahe war und seine letzte

Bitte in Erfüllung gehen würde – den Tod im Zustand der Wachheit zu erfahren. Darüber soll er erleichtert gewirkt und freudig gewesen sein, ein Lächeln zeigte sich im Gesicht des Todgeweihten, mit fester Hand umfasste er das Kreuz seiner Eltern. Gegen 3 Uhr morgens ruft er nach dem Kammerherrn Fernando de Toledo. In die Linke nimmt er eine brennende Kerze, in der Rechten hält er das Kreuz mit dem Heiland, das er noch einmal küsst, ein letztes Mal. Zwei Stunden später schließt er die Augen, diesmal für immer. Die Kinder im Dorf und die Schüler des Seminars im Escorial beginnen gerade, die Heilige Messe zu feiern.

Der Leichnam wird gewaschen und mit einem einfachen Hemd bekleidet. Sein Sohn, Philipp III., kommt, um sich von seinem Vater zu verabschieden. Dann wird der Leichnam in einen Sarg aus Blei gebettet und der Deckel aufgesetzt. Am folgenden Tag, dem 14. September, wird er in einer Prozession bis zur Krypta unterhalb der Basilika gebracht, nach einer Messe mit Requiem, welche der Erzbischof von Toledo feierlich begeht. In der Krypta wird sein Sarg zwischen dem des Kaisers, seines Vaters, und dem der Anna von Österreich abgestellt, seiner letzten Gemahlin. Dort ruht er bis zum heutigen Tag.

Als in der Gemeinde Escorial der Tod des alten Königs bekannt wurde, erhielt jeder Bewohner sechs Dukaten ausgehändigt, damit er sich für die Trauerfeierlichkeiten einen ordentlichen Anzug kaufen konnte. Als die Nachricht von seinem Tod fünf Tage später, am 18. September, Sevilla erreicht, kam sie dort nicht unerwartet, man hatte damit gerechnet. In den folgenden sieben Wochen geht jedermann in Schwarz, dazu werden die Bürger gesetzlich angehalten. Selbst die Pferde und Maultiere tragen schwarze Decken; wer sie nicht besitzt, dem werden sie von den städtischen Behörden gestellt.[212] Wie ein düsterer Vorbote erscheint der Tod des Königs, denn nun beginnt eine Zeit der Pest, die ganz Spanien heimsucht.

Die «Leyenda negra»

Die Nachwelt ist mit König Philipp II. von Spanien nicht immer sehr freundlich umgegangen, sie hat ihn gern als katholischen Fanatiker und Despoten gezeichnet. Philipp bildet gleichsam die Verkörperung der «Leyenda negra». Aber nicht nur Philipps Zeitgenossen, auch die Vertreter der Aufklärung kritisierten den spanischen Monarchen heftig, und die Aufklärung – in erster Linie eine protestantische Strömung – besaß sprachgewaltige Publizisten, darunter auch Friedrich von Schiller und Johann Wolfgang von Goethe, die beide Philipp verurteilten. Wie kam es zu dieser Einschätzung? Hat Philipp sie verdient?

Als König Philipp über sein Reich regierte, hatte sich Europa gerade in Katholiken und Protestanten aufgespalten, in Lutheraner und Kalvinisten, in Christen und Muslime. Philipp war der bedeutendste weltliche Vertreter des alten Glaubens. Eigentlich war er noch mehr als das: Da Philipp 42 Jahre regierte und in diesen 42 langen Jahren nicht weniger als neun Päpste auf dem Thron Petri saßen – Paul IV. (1555–1559), Pius IV. (1560–1565), Pius V. (1566–1572), Gregor XIII. (1572–1585), Sixtus V. (1585–1590), Urban VII. (1590), Gregor XIV. (1590–1591), Innozenz IX. (1591) und Clemens VIII. (1592–1605) –, wurde dieser weltliche Fürst gleichsam zur Verkörperung des katholischen Glaubens. Der Hass der Protestanten richtete sich weniger gegen Rom, sondern vor allem gegen Philipp, denn er verkörperte die katholische Welt. Philipp war umstritten, alleine schon deswegen, mehr noch als irgendein Papst seiner Zeit.

König Philipp II. lebte in einer Zeit permanenten Krieges, des heißen wie des kalten Krieges, und er stand dabei in vorderster Linie. Die Türken bedrohten das Abendland – große Angst breitete sich allenthalben aus, und man fürchtete Verrat aus dem eigenen christlichen Lager. In diesem Kampf stand König Philipp an der Spitze, er war der große Protagonist des alten Glaubens und der alten Kirche schlechthin.

Dieser Krieg beschränkte sich nicht auf den Kampf mit Waffen, man kämpfte auch mit der Feder, mit dem noch jungen Buchdruck. Während in Westeuropa die Religionskriege wüteten, stellten die beiden Seiten sich gegenseitig an den Pranger. Da Philipp gleichsam das katholische Europa verkörperte, wurde er mit vielen Dingen in Verbindung gebracht, für die er nicht die geringste Schuld trägt, auch mit völlig aus der Luft gegriffenen Beschuldigungen. Philipp war eine Stütze der Kirche, also wurde er auch für die Schwächen der römischen Kirche verantwortlich gemacht, auf die er kaum Einfluss hatte.

Man bringt das frühneuzeitliche Spanien gern mit religiösem Fanatismus und Intoleranz in Beziehung; aber diese Erscheinungen gab es zu dieser Zeit überall im Abendland. Die Inquisition ließ Menschen verbrennen, das ist richtig; aber Scheiterhaufen loderten auch anderswo, nirgends häufiger übrigens als im Herzen Europas: In Spanien wurden keine tausend Hexen verbannt, in Mitteleuropa hingegen – einer sehr aktiven Region der Hexenverfolgung – fünfzehn- bis zwanzigtausend.[213] Spanien war diesbezüglich keineswegs so aktiv, längst nicht so sehr wie Deutschland. Die letzten Hexen wurden im deutschsprachigen Mitteleuropa verbrannt, als Philipp schon fast zweihundert Jahre tot war.

Wenn man einer historischen Persönlichkeit Gerechtigkeit widerfahren lassen möchte, muss man sie in ihre Zeit stellen – in ihre Zeit und neben ihre Zeitgenossen. Man darf nicht vergessen, dass Philipp nur wenige Wochen, bevor Niccoló Machiavelli starb, geboren wurde und dass es Philipps Urgroßvater war, Ferdinand von Aragón, der dessen Buch «Il Principe» als Vorbild gedient hatte. Philipp war ein Fürst im Europa des 16. Jahrhunderts, und er handelte wie ein Fürst des 16. Jahrhunderts. Er ging mit Menschenleben nicht immer sorgsam um, das ist richtig; aber Philipps Zeitgenossen auf den europäischen Thronen – ob Iwan IV. (1533–1584), der Grausame, in Russland, oder Elisabeth I. von England (reg. 1558–1603), ob Sultan Suleiman der Prächtige (1495–1566) oder Katharina von Medici, die Organisatorin der Bartholomäusnacht (1572), oder Karl IX. (reg. 1560–1574) und Heinrich III. von Frankreich (1574–1589) – sie handelten nicht anders als er. Von ihnen war Philipp gar nicht so verschieden; nur in einem unterschied er sich deutlich: Seine Macht reichte weiter, und er war wohl «der absoluteste Herrscher Europas in seiner Zeit».[214]

Philipp machte Fehler, gewiss, jede vierzigjährige Herrschaft macht Fehler. Aber er stand oft unter großen Zwängen, und in diesen Kämpfen ging es um sehr viel. Ein Teil seiner Fehler gegenüber den Niederlanden ging sicherlich auf den Druck zurück, den die Osmanen auf ihn ausübten. Er war ein katholischer Monarch und wollte nicht über Protestanten herrschen. Auch haben die mehr als dreißig Jahre in Frankreich wütenden Religionskriege mit 100 000 Toten ihm deutlich vor Augen geführt, dass die konfessionelle Spaltung einer Nation große Gefahren birgt und der Herrscher sie besser vermeiden sollte.

Die «schwarze Legende» berührt auch, sehr stark sogar, die spanische Kolonisation in Übersee. Dabei hält Philipps letzter bedeutender Biograph, der englische Militärhistoriker Geoffrey Parker, gerade die spanische Herrschaft über die Neue Welt – vom Río Grande an der Nordgrenze Mexikos bis zum Bíobío in Chile – für seine größte Leistung; und seine Unfähigkeit, den Aufstand in den Niederlanden siegreich zu beenden, für sein größtes Versagen.

Anmerkungen

1 Karl Brandi: Karl V. Werden und Schicksal einer Persönlichkeit und eines Weltreiches. München 1937, S. 36.
2 Vgl. Herbert Nette: Karl V. Reinbek 1979, S. 57
3 Ivan Cloulas: Philippe II. Paris 1992, S. 15 f. (künftig: Cloulas)
4 Ludwig Pfandl: Philipp II. Gemälde eines Lebens und einer Zeit. München 1979, S. 38 (künftig: Pfandl). Vgl. J. M. March: Niñez y juventud de Felipe II. Bd. 2. Madrid 1941, S. 46
5 Cloulas, S. 17 ff.
6 Geoffrey Parker: Philip II. London [3]1995 (künftig: Parker, 1995), S. 27
7 Cloulas, S. 22; A.W. Lovett: Early Habsburg Spain 1517–1598, Oxford 1986, S. 117 f.
8 Parker, 1995, S. 7
9 Parker, 1995, S. 46 f.
10 Parker, 1995, S. 9
11 Cloulas, S. 25
12 Pfandl, S. 86 f.
13 Cloulas, S. 46 f.
14 March (Anm. 4), S. 12 ff. Vgl. Berth. Beinert: Die Testamente und politischen Instruktionen Karls V. für den Prinzen Philipp. In: Peter Rassow u. Fritz Schalk (Hg.): Karl V. Der Kaiser und seine Zeit. Köln u. a., 1960, S. 21–37
15 Lovett (Anm. 7), S. 119. Über Philipps Sexualleben González de Amezúla: Isabel de Valois, Reina de España, 1546–1568. Bd. 1. Madrid 1949, bes. 10. Kap.
16 Cloulas, S. 48 f.
17 M. J. Rodríguez-Salgado: The Changing Face of Empire. Charles V, Philip II and Habsburg Authority, 1551–1559. Cambridge u. a. 1988, S. 102
18 Parker, 1995, S. 20
19 Pfandl, S. 220
20 Michel de Montaigne: Tagebuch einer Reise durch Italien, die Schweiz und Deutschland in den Jahren 1580 und 1581. Hg. von Otto Flake, Frankfurt a. M. 1984, S. 59
21 Vgl. Peter Lahnstein: Auf den Spuren von Karl V. München 1979, S. 258 ff. Siehe auch Pfandl, S. 228
22 Cloulas, S. 117 ff. Siehe auch: Deutsche Geschichte in Quellen und Darstellung. Bd. 4: Gegenreformation und Dreißigjähriger Krieg. Hg. von Bernd Roeck, Stuttgart 1996, S. 20–22
23 Dazu Brandi (Anm. 1), S. 545–552
24 J. D. Mackie: The Earlier Tudors 1485–1588. Oxford 1952, S. 550 ff.
25 Erwin Iserloh: Europa im Zeichen des Pluralismus der Konfessionen. In: Hubert Jedin (Hg.): Handbuch der Kirchengeschichte. Bd. IV. Freiburg i. B. 1967 / 1985, S. 421 f.
26 Cloulas, S. 93
27 Mackie (Anm. 24), S. 537; Pfandl, S. 279 f.
28 Rodríguez-Salgado (Anm. 17), S. 98 f.
29 Cloulas, S. 101
30 Pfandl, S. 282
31 Pfandl, S. 284 f.
32 Cloulas, S. 107
33 Pfandl, S. 297
34 Cloulas, S. 107
35 Mackie (Anm. 24), S. 560
36 Cloulas, S. 138 f.
37 Dazu B. Black: The Reign of Elizabeth 1558–1603 (The Oxford History of England, Bd. 8). Oxford [2]1959
38 J. J. Woltjer: Der niederländische Bürgerkrieg und die Gründung der Vereinigten Niederlande (1555–1649). In: Geschichte der Niederlande, Holland, Belgien, Luxemburg. Hg. von Theodor Schieder, München 1991, S. 7 f. Vgl. Geoffrey Parker: The Dutch Revolt. Harmondsworth 1977, S. 23
39 Woltjer (Anm. 38), S. 7 f.
40 Woltjer (Anm. 38), S. 8 f.
41 Woltjer (Anm. 38), S. 9–13. Vgl. Horst Rabe: Deutsche Geschichte

1500–1600, München 1991, S. 541–551
42 Brandi (Anm. 1), S. 40
43 Lovett (Anm. 7), S. 150
44 Parker (Anm. 38), S. 84 f.
45 Vgl. Lovett (Anm. 7), S. 245
46 Renate Pieper: Die Preisrevolution in Spanien (1500–1640). Wiesbaden 1985, S. 42 f. Vgl. Fernand Braudel: The Mediterranean and the Mediterranean World in the Age of Philip II. Bd. 1. London 1972, S. 405
47 Lovett (Anm. 7), S. 247
48 Henry Kamen: Spain 1469–1714. A Society of Conflict. London, New York 1983, S. 168–171
49 V. Váquez de Prada: Spanien 1350–1660. In: Handbuch der Europäischen Wirtschafts- und Sozialgeschichte, Bd. 3, Stuttgart 1986, S. 757
50 Váquez de Prada (Anm. 49), S. 753 f., S. 757
51 Váquez de Prada (Anm. 49), S. 744
52 Váquez de Prada (Anm. 49), S. 769 f.; Marcelin Defourneaux: Spanien im Goldenen Zeitalter. Stuttgart 1986, S. 118 ff.
53 Cloulas, S. 158; Parker, 1995, S. 160, S. 178
54 J. H. Elliott: Imperial Spain 1469–1716. Harmondsworth 1969, S. 171
55 Defourneaux (Anm. 52), 3. Kapitel
56 Peter Pierson: Philipp II. Vom Scheitern der Macht. Graz u. a. 1985, S. 67
57 Elliott (Anm. 54), S. 254
58 Cloulas, S. 289 f.; Pfandl, S. 404
59 Cloulas, S. 294, S. 299
60 Parker, 1995, S. 171; Pfandl, S. 398 f.
61 Parker, 1995, S. 36 f.
62 Elliott (Anm. 54), S. 258
63 Fernando Alvarez: Politica Mundial de Carlos V y Felipe II. Madrid [7]1963, S. 205
64 Parker, 1995, S. 37
65 Parker, 1995, S. 10 f., S. 197. Über Philipps Krankheiten siehe María Teresa Oliveros de Castro u. Eliseo Subiza Martín: Felipe II, studio médico-histórico. Madrid 1956
66 Parker, 1995, S. 24
67 Parker, 1995, S. XVI–XVII, S. 190 ff.
68 Parker, S. 82
69 Elliott (Anm. 54), S. 249
70 Elliott (Anm. 54), S. 170
71 Elliott (Anm. 54), S. 249. Vgl. Ch. Bratli: Philippe II, roi d'Espagne. Paris 1912
72 Elliott (Anm. 54), S. 178
73 Elliott (Anm. 54), S. 178
74 E. W. Zeeden: Hegemonialkriege und Glaubenskämpfe 1556–1648. Frankfurt a. M. u. a. 1982, S. 85
75 Kamen (Anm. 48), S. 145
76 Vgl. Robert Lemm: Die Spanische Inquisition. München 1995, S. 88 f.
77 Zeeden (Anm. 74), S. 85
78 Vgl. Parker, 1995, S. 25 ff.
79 Parker, 1995, S. 58
80 Parker, 1995, S. 130–135
81 Parker, 1995, 79 ff.
82 Heinrich Goertz: Bosch. Reinbek 1977, S. 27
83 Cloulas, S. 587
84 Parker, 1995, S. 40 f.
85 Cloulas, S. 587
86 Parker, 1995, S. 50
87 Pfandl, S. 589
88 Parker, 1995, S. 169 f.
89 Pfandl, S. 149 f.; Pierson (Anm. 56), S. 54
90 Parker, 1995, S. 55
91 Parker, 1995, S. 53 f.
92 Parker, 1995, S. 43
93 Lovett (Anm. 7), S. 280 f.
94 Hubert Jedin: Ursprung und Durchbruch der Katholischen Reform bis 1563: In: Ders.: Handbuch der Kirchengeschichte. Bd. IV. Freiburg i. B. u. a. 1985, S. 461 ff.
95 Siehe H. Jedin: Das Papsttum und die Durchführung des Tridentinums (1565 bis 1605). In: Handbuch (Anm. 94), S. 535
96 Jedin (Anm. 94), S. 474
97 Ludwig von Pastor: Geschichte

der Päpste. Bd. VI, Freiburg i. B. 1913, S. 417 ff.

98 Zeeden (Anm. 77), S. 23

99 Parker, 1995, S. 57 f.

100 Parker (Anm. 38), S. 197

101 Dazu M. Vasold: Die Aufnahme der Gregorianischen Kalenderreformen. In: Zeitsprünge 4 (2000), S. 150

102 Vgl. Lemm (Anm. 76), S. 41 f.

103 Kamen (Anm. 48), S. 175

104 William Byron: Cervantes. Der Dichter des Don Quijote und seine Zeit. München 1982, S. 14; Lemm (Anm. 76), S. 88 f.

105 Byron (Anm. 104), S. 29; Elliott (Anm. 49), S. 225 f.

106 Parker, 1995, S. 100 f.

107 Cloulas, S. 181

108 Parker, 1995, S. 85

109 Parker, 1995, S. 86

110 Parker, 1995, S. 164

111 Parker, 1995, S. 166

112 Parker, 1995, S. 162

113 Ein späterer spanischer König, Karl II. (reg. 1665–1700), war hochgradig debil. Von seinen 64 mütterlichen Vorfahren tauchen sage und schreibe 48 auch im Stammbaum seines Vaters auf. Von den 32 Frauen in der fünften Generation, das heißt von den 16 der einen und den 16 der anderen Seite, stammten alleine 12 von der wahnsinnigen Johanna ab. Über Wahnsinn im Adel siehe H. C. Erik Midelfort: Verrückte Hoheit. Stuttgart 1996

114 Parker, 1995, S. 87 f.

115 Dazu ausführlich C. D. O'Malley: Don Carlos of Spain. A Medical Portrait. Berkeley, Los Angeles 1969; ferner P. Gachard: Don Carlos et Philipp I. Paris [2]1867; kritisch gegenüber Philipp: Felix Rachfahl: Don Carlos: Kritische Untersuchungen, Freiburg i. B. 1921

116 Der katholische deutsche Historiker Ludwig Pfandl rühmt es als eine große Tat Philipps, dass er «einen körperlichen und geistigen Krüppel, einen für seine Rede und Taten nicht verantwortlichen Idioten, einen bereits dem Anfangsstadium der Dementia praecox verfallenen Kranken von der Thronfolge ausgeschlossen» hat (S. 386).

117 Parker (Anm. 38), S. 111

118 Elliott (Anm. 49), S. 253. M. Angel Ladero: Das Spanien der Katholischen Könige. Ferdinand von Aragón und Isabella von Kastilien 1469 bis 1516. Wien 1992, S. 170 ff.

119 Ernst Schulin: Die spanischen und portugiesischen Juden im 15. und 16. Jahrhundert. Eine Minderheit zwischen Integrationszwang und Verdrängung. In: Bernd Martin und Ernst Schulin: Die Juden als Minderheit in der Geschichte. München 1981, S. 85 f.

120 Schulin (Anm. 119), S. 98 f., S. 103. Vgl. Horst Pietschmann: Die Vertreibung der Juden aus Spanien im Jahre 1492. In: Wolfgang Benz und Werner Bergmann (Hg.): Vorurteil und Völkermord. Entwicklungslinien des Antisemitismus. Freiburg i. B. 1997, S. 87

121 Elliott (Anm. 54), S. 222

122 Lovett (Anm. 7), S. 257–261

123 Parker, 1995, S. 102

124 Vgl. Zeeden (Anm. 74), S. 90

125 Lovett (Anm. 7), S. 266 f.

126 Parker, 1995, S. 104

127 Cloulas, S. 256. Dazu auch ausführlich Jack Beeching: Don Juan d'Austria, München 1983, bes. Kap. VII

128 Parker, 1995, S. 107. Vgl. Elliott (Anm. 49), S. 239 ff.

129 Cloulas, S. 276; Parker, 1995, S. 108

130 Vgl. Lovett (Anm. 7), S. 268

131 Rodríguez-Salgado (Anm. 17), S. 112 f.

132 Byron (Anm. 105), S. 103; Lovett (Anm. 7), S. 124. Vgl. Fernand Braudel: Karl V. Die Notwendigkeit des Zufalls. Stuttgart 1990, S. 10

133 Dazu Beeching (Anm. 127), bes. Kap. XI

134 Siehe dazu die ausführliche Lis-

te bei Pastor (wie Anm. 97), Bd. VIII. Freiburg i. B. 1920, S. 596f.

135 Byron (Anm. 105), S. 266; Parker, 1995, S. 128

136 Parker, 1995, S. 122

137 Vgl. Parker, 1995, S. 64; Zeeden (Anm. 74), S. 26, S. 82

138 Vgl. Horst Rabe: Die iberischen Staaten im 16. und 17. Jahrhundert. In: Handbuch der Europäischen Geschichte. Hg. von Theodor Schieder. Bd. 3, hg. von Josef Engel, Stuttgart 1971, S. 620

139 Jean Meyer: Frankreich im Zeitalter des Absolutismus 1515–1789. Stuttgart 1990, S. 186–190. Die in der Historiographie genannten Zahlen sind sehr unterschiedlich. Heinrich Lutz: Reformation und Gegenreformation. München, Wien 1979, S. 81, schreibt von «etwa 3000 Tote(n) in Paris, 10000 in der Provinz», und es gibt noch bedeutend höhere Schätzungen. – Philipps Reaktion erwähnt Pierson (wie Anm. 56), S. 204.

140 Garrett Mattingly: The Armada. Boston 1959, S. 149, S. 177

141 Meyer (Anm. 139), S. 190ff.; Mattingly (Anm. 140), S. 224

142 Meyer (Anm. 139), S. 194–196. Vgl. Elliott (Anm. 49), S. 290

143 Jedin (Anm. 25), S. 413ff.

144 Cloulas, S. 398

145 Kamen (Anm. 48), S. 126f. Vgl. Elliott (Anm. 54), S. 266, S. 274

146 Cloulas, S. 407ff.; Parker, 1995, S. 145f.

147 Lovett (Anm. 7), S. 176

148 Parker (Anm. 38), S. 99ff. Vgl. Rabe (Anm. 41), S. 544f.

149 Parker (Anm. 38), S. 138ff.; Woltjer (Anm. 38), S. 19f.

150 Woltjer (Anm. 38), S. 21f.

151 Folgendes Zitat Philipps: Alvarez (Anm. 63), S. 210

152 Friedrich Schiller: Geschichte des Abfalls der Vereinigten Niederlande von der Spanischen Regierung. In: Ders.: Sämtliche Werke in fünf Bänden. Bd. IV: Historische Schriften. München 1975, S. 32

153 Rabe (Anm. 41), S. 548

154 Beeching (Anm. 139), S. 360

155 Vgl. H. Koenigsberger, Western Europe and the Powers of Spain. In: The Cambridge Modern History. Bd. II: The Counter-Reformation and Price Revolution 1559–1610. Hg. von R. B. Wernham, Cambridge 1968, S. 262f.

156 Parker, 1995, S. 98. Kamen (Anm. 48), S. 131, sagt dazu das Gegenteil.

157 Parker (Anm. 38), S. 201f.

158 Woltjer (Anm. 38), S. 33f.

159 Parker (Anm. 38), S. 231

160 Cloulas, S. 462

161 Parker, 1995, S. 148

162 Cloulas, S. 480

163 Zit. nach Pierson (Anm. 56), S. 107

164 Mattingly (Anm. 139), S. 19, S. 50

165 Mattingly (Anm. 139), S. 81

166 Vgl. Parker, 1995, S. 152

167 Mattingly (Anm. 139), S. 246–249. Vgl. Manuel García Rivas: The Medical Services of the Gran Armada. In: Rodríguez-Salgado (Anm. 17), S. 197–213

168 Peter Padfield: Armada. Braunschweig 1988, Kap. 8

169 Mattingly (Anm. 139), S. 323; Padfield (Anm. 168), S. 116–131

170 Vgl. Mattingly (Anm. 139), S. 275, S. 312, S. 370

171 Parker, 1995, S. 152ff.

172 Mattingly (Anm. 139), S. 389

173 Parker, 1995, S. 155

174 Elliott (Anm. 49), S. 208

175 Rodríguez-Salgado (Anm. 17), S. 70f.

176 Elliott (Anm. 49), S. 184; Pierre Vilar: Gold und Geld in der Geschichte. München 1983, S. 95

177 Richard Konetzke: Die Indianerkulturen und die spanisch-portugiesische Kolonialherrschaft. Frankfurt a. M. 1965, S. 298

178 Vilar (Anm. 176), S. 95

179 Parker, 1995, S. 146, S. 179
180 Parker, 1995, S. 133
181 Parker, 1995, S. 147
182 Parker, 1995, S. 178
183 Parker, 1995, S. 179; A.W. Lovett: The Vote of Milliones. In: The Historical Journal 30 (1987), S. 1–10. Siehe Ders.: The General Settlement of 1577: An Aspect of Spanish Finance in the Early Modern Period. In: The Historical Journal 25 (1982), S. 1–22
184 Parker, 1995, S. 123
185 Richard van Dülmen: Entstehung des frühneuzeitlichen Europa 1550–1648. Frankfurt a. M. 1982, S. 108 f.
186 Vgl. Emanuel Le Roy Ladurie: Histoire du climat depuis l'an mil. Paris 1967, S. 115 ff.; Wilhelm Abel: Agrarkrisen und Agrarkonjunktur. Hamburg–Berlin [3]1978, S. 122 ff., bes. Abb. 23
187 Vgl. Urs Bitterli: Die Entdeckung Amerikas. München [2]1992, S. 66; Horst Pietschmann: Die iberische Expansion im Atlantik und die kastilisch-spanische Entdeckung und Eroberung Amerikas. In: Handbuch der Geschichte Lateinamerikas. Bd. 1, hg. von Walther Bernecker u. a., Stuttgart 1994, S. 247
188 F. J. Brooks: Revising the Conquest of Mexico: Smallpox, Sources, and Population. In: Journal of Interdisciplinary History 23 (1993); R. McCaa: Spanish and Nahuatl Views on Smallpox and Demographic Catastrophe in Mexico: In: Journal of Interdisciplinary History 25 (1995)
189 Renate Pieper: Hispanoamerika. Die demographische Entwicklung. In: Handbuch (Anm. 187), S. 317. Siehe Konetzke (Anm. 177), S. 95–105
190 Vgl. Konetzke (Anm. 177), S. 104 f.
191 Vgl. Konetzke (Anm. 177), S. 70
192 Konetzke (Anm. 177), S. 76 ff., S. 170 f.
193 Alain Milhou: Die Neue Welt als geistiges und moralisches Problem (1492–1609). In: Handbuch (Anm. 187), S. 285–290. Vgl. Parker, 1995, S. 114. Man darf nicht vergessen, dass die Ureinwohner Amerikas zur Zeit der Entdeckung noch immer Menschenopfer darbrachten.
194 Pietschmann (Anm. 187), S. 241
195 Bitterli (Anm. 187), S. 141
196 Parker, 1995, S. 115
197 Konetzke (Anm. 177), S. 96 ff.
198 Konetzke (Anm. 177), S. 36
199 Konetzke (Anm. 177), S. 232; Parker, 1995, S. 112
200 Bitterli (Anm. 187), S. 122
201 Konetzke (Anm. 177), S. 216
202 Parker, 1995, S. 113
203 Konetzke (Anm. 177), S. 110
204 Konetzke (Anm. 177), S. 240 f.
205 Konetzke (Anm. 177), S. 279 f.
206 Donald Marquand Dozer: Latin America. An Interpretive History, New York u. a. 1962, S. 70
207 Pierson (Anm. 56), S. 89. Vgl. Cloulas, S. 411 f.
208 Parker, 1995, S. 192 f.
209 Cloulas, S. 588 f.
210 Parker, 1995, S. 193 f.
211 Zeeden (Anm. 74), S. 88. Vgl. Cloulas, S. 590, S. 596
212 Parker, 1995, S. 197
213 Vgl. Byron, Parker, S. 198
214 W. Behringer: «Erhob sich das ganze Land zu ihrer Ausrottung …». In: Hexenwelten, hg. von Richard van Dülmen, Frankfurt a. M. 1987, S. 154–159; R. van Dülmen: Kultur und Alltag in der Frühen Neuzeit. Dritter Band: Religion, Magie, Aufklärung 16.–18. Jahrhundert. München 1994, S. 88

ZEITTAFEL

1496 Heirat von Philipp dem Schönen, dem Sohn Kaiser Maximilians I. aus dem Hause Habsburg, mit Johanna von Aragón und Kastilien, der Tochter König Ferdinands I.; diese Ehe verband das Haus Habsburg mit Spanien.

1500 Beider Sohn, der nachmalige Kaiser Karl V. (als spanischer König: König Karl I.), wird in Gent geboren.

1502 Eine Pragmatik stellt die Muslime im Königreich Kastilien vor die Wahl, sich taufen zu lassen oder auszuwandern.

1504 Ferdinand I., der Katholische, fügt der Krone von Aragón die von Neapel hinzu.

1507 In Toledo erblickt der Herzog von Alba das Licht der Welt.

1516 König Ferdinand von Aragón stirbt; sein Enkel Karl von Gent besteigt als König Karl I. den spanischen Thron.

1517 Martin Luther veröffentlicht seine 95 Thesen, Beginn der Reformation in Deutschland.

1519 König Karl I. wird als Karl V. römischer Kaiser.

1519–22 Cortés erobert Mexiko. Magelhães auf Weltumsegelung.

1522 Karl V. nimmt das Herzogtum Mailand ein und übergibt Osterreich seinem Bruder Ferdinand I.

1526 Im Vertrag von Madrid kapituliert der französische König Franz I. vor Kaiser Karl V.

1527 Philipp II. wird in Valladolid als Sohn Karls V. und Isabella von Portugal geboren.

1530 Der Zustrom von Gold und Silber aus der Neuen Welt setzt ein.

1531 Unter König Heinrich VIII. spaltet die englische Kirche sich von Rom ab.

1532 Pizarro beginnt mit der Eroberung von Peru.

1539 Spanien gründet in Amerika das Königreich Neu-Granada.

1541 Karl V. scheitert vor Algier im Kampf gegen die Türken.

1543 Philipp herrscht als Regent im Namen Karls über Spanien; Heirat mit Maria Manuela von Portugal.

1545 Philipps Gemahlin Maria schenkt ihrem ersten Sohn, Don Carlos, das Leben und stirbt bei dessen Geburt. Beginn des Konzils von Trient.

1547 Unterwerfung der Mayareiche auf Yucatán. Karl besiegt die deutschen Lutheraner im Schmalkaldischen Krieg (Schlacht bei Mühlberg). Geburt von Philipps Halbbruder Don Juan d'Austria, dessen Mutter, die Regensburgerin Barbara Blomberg, die Geliebte Karls V. war.

1551 In Valladolid debattiert die Cortes über die Lebensumstände der Indianer.

1553 Regierungsantritt der Tochter Heinrichs VIII., Maria I. Tudor.

1554 Philipp geht mit Maria I. Tudor seine zweite Ehe ein und wird nominell König von England.

1555/6 Abdankung von Karl V. Sein Sohn Philipp übernimmt die Herrschaft über Spanien, Teile Italiens, die Niederlande und die Neue Welt.

1557 Sieg Spaniens über Frankreich bei Saint-Quentin. Erster spanischer Bankrott unter Philipp II.

1558 Die Franzosen nehmen den Engländern Calais ab. Tod Karls V. und von Philipps zweiter Frau, Maria I. Tudor.

1559 Vertrag von Cateau-Cambrésis. Philipp II. heiratet die französische Königstochter Elisabeth von Valois und kehrt nach Spanien zurück. Margarete von Parma und Kardinal Granvelle herrschen in seinem Auftrag in den Niederlanden.

1560 Die Türken zerstören eine spanische Flotte vor Djerba.

1561 Madrid wird Hauptstadt Spaniens.

1562 In Frankreich beginnen die Religionskriege.

1563 Grundsteinlegung des Escorial. Das Konzil von Trient geht zu Ende.

1564 In Brüssel, der Hauptstadt der spanischen Niederlande, wird die Aufhebung der Inquisiton verlangt.

1565 Die Spanier beginnen die Philippinen in Besitz zu nehmen.

1566 Bankett der Geusen in Brüssel; Bilderstürme in den Niederlanden und Flandern.

1567 Der Herzog von Alba wird Gouverneur der Niederlande. Flucht Wilhelms von Oranien und Errichtung des Rats der Unruhen.

1568 Philipps ältester Sohn Don Carlos stirbt. In Brüssel werden die Grafen Egmont und Hoorne hingerichtet. Elisabeth I. von England lässt Maria Stuart einsperren. Erhebung der Morisken in Granada.

1570 Die Türken erobern Zypern.

1571 Die Heilige Liga besiegt unter Führung von Philipps Halbbruder Don Juan d'Austria die türkische Flotte bei Lepanto.

1572 Militärische Erfolge der Geusen bei Brielle.

1573 Philipp II. beruft den Herzog von Alba aus den Niederlanden ab, Don Luis de Requesens übernimmt das Amt des Gouverneurs.

1575 Zweiter Staatsbankrott Philipps II.

1576 Plünderung der Stadt Antwerpen durch spanische Söldner. Don Juan d'Austria wird Gouverneur der Niederlande.

1577 Aufruhr in Brüssel. Der Maler El Greco lässt sich in Toledo nieder.

1578 Spanien und die Hohe Pforte schließen einen Waffenstillstand. Sieg von Gembloux über die Niederländer. Tod des Don Juan d'Austria.

1579 Alexander Farnese unterzeichnet für Philipp die Union von Arras. Gründung der Vereinten Provinzen.

1580 Nach dem Tod des Kardinals Heinrich wird Philipp II. König von Portugal und vereinigt beide Länder in Personalunion. Die Generalstaaten erklären Philipp für abgesetzt.

1582 Papst Gregor XIII. verfügt die Einführung des verbesserten Kalenders.

1585 Farnese erobert Brüssel zurück. Allianz zwischen dem französischen Herzog von Guise und Philipp II.

1586 Der englische Freibeuter Francis Drake überfällt Spanisch-Amerika.

1587 Hinrichtung der Maria Stuart.

1588 Philipps «Unbesiegbare Armada» erleidet im Ärmelkanal eine schwere Niederlage.

1595 Der französische König Heinrich IV. erklärt Philipp II. den Krieg. Walter Raleigh überfällt spanische Besitzungen in Venezuela und Lissabon.

1597 Dritter Staatsbankrott Philipps II.

1598 Vertrag von Vervins zwischen Frankreich und Spanien. Pestepidemie in Spanien. Tod König Philipps II.

Bibliographie

1. Allgemeine Werke, Einführungen und Handbücher

Bernecker, W. L., und H. Pietschmann: Geschichte Spaniens. Von der frühen Neuzeit bis zur Gegenwart. Stuttgart u. a. 1993

Braudel, F.: The Mediterranean and the Mediterranean World in the Age of Philip II. 2 Bde., London 1972

The New Cambridge Modern History. Bd. II: The Counter-Reformation and Price Revolution 1559–1610, hg. von R. B. Wernham, Cambridge 1968

Casado, J. L.: La España de Carlos V. 2 Bde. Barcelona 1976

Chaunu, P.: L'Espagne de Charles V. 2 Bde. Paris 1973

Defourneaux, M.: Spanien im Goldenen Zeitalter. Kultur und Gesellschaft einer Weltmacht. Stuttgart 1986

Dominguez Ortiz, A.: Crisis y decadencia en la España de los Austrias. Madrid 1969

–: En torno a la periodización del reinado de Felipe II. Valladolid 1984

Elliott, J. H.: Imperial Spain 1469–1716. London 1963

Fernández Albaladejo, P., u. a.: Historia de España. El Siglo de Oro (siglo XVI). Barcelona 1993

Fernández Alvarea, M.: La sociedad española en el Siglo de Oro. Madrid 1984. Handbuch der Europäischen Geschichte. Hg. von Th. Schieder. Bd. 3, hg. von J. Engel, Stuttgart 1971

Heine, H.: Geschichte Spaniens in der frühen Neuzeit 1400–1800. München 1984

Kamen, H.: Spain 1469–1714. A Society of Conflict. London, New York 1983

Koenigsberger, H. G., und G. L. Mosse: Europe in the Sixteenth Century. New York 1973

Ladero, M. Angel: Das Spanien der Katholischen Könige. Ferdinand von Aragón und Isabella von Kastilien 1469 bis 1516. Wien 1992

Lovett, A. W.: Early Habsburg Spain 1517–1598. Oxford 1986

Lutz, Heinrich: Reformation und Gegenreformation. (Oldenbourg Grundriß der Geschichte, 10), München, Wien 1979

Lynch, J.: Spain Under the Habsburgs. 2 Bde. Oxford 1964/69

Mieck, I.: Europäische Geschichte der Frühen Neuzeit. Stuttgart u. a. ^{5}1994

Propyläen Geschichte Europas. Bd. 2: Hegemonialkriege und Glaubenskämpfe 1556–1648. Hg. von E. W. Zeeden. Frankfurt a. M. u. a. 1982

Tuñón de Lara, M. (Hg.): Historia de España. Barcelona 1982

Váquez de Prada, V. (Hg.): La época de plentitud. Hasta la muerte de Felipe II (1517–1598). (Historia General de España y America, Bd. 6), Madrid 1986

2. Quellenwerke

Calendar of Letters, Despatches and State Papers relating to the Negotiations between England and Spain. 15 Bde., London o. J.

Colección de documentos indéditos para la historia de España [mehrere Bände]. Madrid 1842–95

Colección de documentos para la historia de la formación social de Hispanoamerica 1493–1810. Hg. von R. Konetzke, Madrid 1952–62

Correspondance de Philippe II sur les affaires des Pays-Bas 1558–1577. 5 Bde. Hg. von L. P. Gachard, Paris 1848–1879

Correspondencia privada de Felipe II con su secretario Mateo Vázquez 1567–1591. Madrid 1959

Dokumente zur Geschichte Karls V.,

Philipps II. und ihrer Zeit aus spanischen Archiven. Hg. von J. J. v. Döllinger. Regensburg 1862
Lettres de Philippe II à ses filles les infantes Isabelle et Catherine, écrites pendant son voyage au Portugal 1581–1583. Hg. von L. P. Gachard. Paris 1884
Papiers d'État du Cardinal de Granvelle. Hg. von Ch. Weiss, 9 Bde. Paris 1841–52
Le Relazioni degli ambasciadori Veneti al senato durante il secole 16. Hg. von E. Alberi, 15 Bde. Florenz 1839–63

3. Biographien Philipps II.

Bratli, Ch.: Philippe II, Roi d'Espagne. Paris 1912
Cloulas, I.: Philippe II. Paris 1992
Ferrara, O.: Philippe II. Paris 1961
Kramer, F.: Philipp II. (1556–1598). In: W. Bernecker (Hg.): Die spanischen Könige. 18 historische Porträts vom Mittelalter bis zur Gegenwart. München 1997, S. 61–78
March, José Maria: Niñez y Juventud de Felipe II. 2 Bde. Madrid 1941/42
Parker, G.: Philip II. Chicago ³1995
Petrie, C.: Philipp II. von Spanien. Stuttgart, Berlin 1965
Pfandl, L.: Philipp II. Gemälde eines Lebens und einer Zeit. München ⁸1979
Pierson, P.: Philipp II. Vom Scheitern der Macht. Graz u. a. 1985
Váquez de Prada, V.: Felipe II. Barcelona 1978

4. Biographien großer Zeitgenossen

Bibl, V.: Der Tod des Don Carlos. Wien, Leipzig 1918
Brandi, K.: Karl V. Werden und Schicksal einer Persönlichkeit und eines Weltreiches. München 1937
Brouwer, J.: Johanna die Wahnsinnige. Glanz und Elend einer spanischen Königin. München 1978
Byron, W.: Cervantes. Der Dichter des Don Quijote und seine Zeit, München 1982
Gachard, L. P.: Don Carlos et Philipp II. Paris ²1867
González Palencia, A.: Gonzalo Pérez, secretario de Felipe II. 2 Bde., Madrid 1946
Halkin, L. E.: Erasmus von Rotterdam. Eine Biographie. Zürich ²1992
Hartau, C.: Hernando Cortés. Reinbek 1994
Maltby, W. S.: Alba. A Biography of Fernando Álvarez de Toledo, Third Duke of Alba, 1507–1582. Berkeley, London 1983
Nette, H.: Karl V. Reinbek 1979
Neale, J. E.: Königin Elisabeth. München 1967
O'Malley, C. D.: Don Carlos of Spain. A Medical Portrait. Berkeley, Los Angeles 1969
Rachfahl, F.: Margaretha von Parma. Statthalterin der Niederlande (1559–1567). München, Leipzig 1898
–: Don Carlos: kritische Untersuchungen. Freiburg i. B. 1921

5. Wirtschafts- und Sozialgeschichte

Alvar Esquerra, A.: El nacimiento de una capital europea. Madrid entre 1561 y 1606. Madrid 1989
Belenguer, E.: La Corona de Aragón en la época de Felipe II. Valladolid 1986
–: El Imperio hispanico, 1479–1665. Barcelona 1995
Bennassar, B.: Recherches sur les grandes épidemies dans l'Espagne du Nord à la fin du XVI siècle. Problèmes de documentation et de méthode. Paris 1969
Braudel, F.: The Mediterranean and the Mediterranean World in the

Age of Philip II. 2 Bde. London 1975
–: Sozialgeschichte des 15.–18. Jahrhunderts. Bd. 1: Der Alltag. München 1985
Johannsen, A. H.: Zur demographischen Entwicklung Kastiliens im 16. Jahrhundert. In: ders.: Gesammelte Aufsätze zur Kulturgeschichte Spaniens. Köln 1978
Kellenbenz, H.: Spanien, die nördlichen Niederlande und der skandinavisch-baltische Raum in der Weltwirtschaft und Politik um 1600. In: Vierteljahresschrift für Sozial- und Wirtschaftsgeschichte 41 (1954), S. 289–332
–: Die Fugger in Spanien und Portugal bis 1560. 2 Bde. München 1990
Klaveren, J. van: Europäische Wirtschaftsgeschichte Spaniens im 16.–17. Jahrhundert. Köln 1960
Lovett, A. W.: The Castilian Bankruptcy of 1575. In: The Historical Journal 23 (1980), S. 899–911
–: The General Settlement of 1577: An Aspect of Spanish Finance in the Early Modern Period. In: The Historical Journal 25 (1982), S. 1–22
–: The Vote of the Milliones (1590). In: The Historical Journal 30 (1987), S. 1–20
Parker, G.: The Emergence of Modern Finance in Europe, 1500–1730. In: The Fontana Economic History of Europe, hg. von Carlo M. Cipolla, Bd. 2, London 1974, S. 527–94
Pieper, R.: Die Preisrevolution in Spanien (1500–1640). Wiesbaden 1985
Váquez de Prada, V.: Spanien 1350–1660. In: Handbuch der Europäischen Wirtschafts- und Sozialgeschichte. Bd. 3, hg. von Wolfram Fischer u. a. Stuttgart 1986, S. 706–776
Vilar, P.: Gold und Geld in der Geschichte. München 1984
Vilar, P.: Histoire de l'Espagne. Paris [12]1983

6. Iberien und die Neue Welt

Bitterli, U.: Die Entdeckung Amerikas. Von Kolumbus bis Alexander von Humboldt. München 1991
Brooks, F. J.: Revising the Conquest of Mexico: Smallpox, Sources, and Population. In: Journal of Interdisciplinary History 23 (1993)
Chaunu, P.: Conquête et Exploitation des Nouveaux Mondes (XVIe Siècle). Paris 1969
–: Histoire de l'Amérique latine. Paris 1949, [8]1979
Dokumente zur Geschichte der europäischen Expansion. Hg. von E. Schmitt. Bd. 2: Die Großen Entdeckungen. München 1984; Bd. 3: Der Aufbau der Kolonialreiche. München 1987
Dozer, D. M.: Latinamerica. An Interpretative History. New York u. a. 1962
Gold und Macht. Spanien in der Neuen Welt. Eine Ausstellung anläßlich des 500. Jahrestages der Entdeckung Amerikas. Rosenheim 1992
Handbuch der Geschichte Lateinamerikas. Hg. von Walther L. Bernecker u. a., Bd. 1, hg. von H. Pietschmann, Stuttgart 1994
Innes, Hammond: The Conquistadors. London 1972
Konetzke, R: Die Indianerkulturen Altamerikas und die spanisch-portugiesische Kolonialherrschaft. (Fischer Weltgeschichte, Bd. 22: Süd- und Mittelamerika I) Frankfurt a. M. 1965
KcCaa, R.: Spanish and Nahuatl Views on Smallpox and Demographic Catastrophe in Mexico. In: Journal of Interdisciplinary History 25 (1995)
Die Neue Welt. Chroniken Lateinamerikas von Kolumbus bis zu den Unabhängigkeitskriegen. Hg. von E. Rodríguez Monegal. Frankfurt a. M. 1982

7. Spanien und die Niederlande

Geyl, P.: The Revolt of the Netherlands (1555–1609). London ²1958
Lademacher, H.: Geschichte der Niederlande. Darmstadt 1983
Parker, G.: The Dutch Revolt. Harmondsworth 1977
Roosbroeck, R. van: Die Geschichte Flanderns. Jena 1952
–: Wunderjahr oder Hungerjahr? Antwerpen, 1566. In: F. Petri (Hg.): Kirche und gesellschaftlicher Wandel in deutschen und niederländischen Städten der Werdenden Neuzeit. Wien 1980
Schilling, H.: Der Aufstand der Niederlande. Bürgerliche Revolution oder Elitenkonflikt? In: H.-U. Wehler (Hg.): 200 Jahre amerikanische Revolution und moderne Revolutionsforschung. Göttingen 1976, S. 177–231
Woltjer, J. J.: Der niederländische Bürgerkrieg und die Gründung der Vereinigten Niederlande (1555–1648). In: Geschichte der Niederlande. Holland, Belgien, Luxemburg. Handbuch der europäischen Geschichte, hg. von Th. Schieder, Bd. 3, München 1991, S. 7–48

8. Kirche und Religion

Chabod, F.: La stato e la vita religiosa a Milano nell' epoca di Carlo V. Turin 1971
Hess, A. C.: The Moriscos: An Ottoman Fifth Column in Sixteenth Century Spain. In: American Historical Review 75 (1970), S. 1892–1919
Jedin, H. (Hg.): Handbuch der Kirchengeschichte. Bd. IV. Freiburg i. B. 1985
Kamen, H.: Die spanische Inquisition. München 1967
Lea, H. Ch.: Die Inquisition. Nördlingen 1985
Lemm, R.: Die Spanische Inquisition. München 1996
Pastor, L.: Geschichte der Päpste im Zeitalter der katholischen Reformation und Restauration. (Geschichte der Päpste seit dem Ausgang des Mittelalters, Bd. VI–XI) Freiburg i. B. 1913–27
Vincent, B.: L'Expulsion des morisques du royaume de Grenade et leur repartition en Castille. In: Mélanges de la casa de Veláquez. VI (1970), S. 211–246

9. Internationale Beziehungen und fremde Mächte

Beeching, J.: Don Juan d'Austria. Sieger von Lepanto. München 1983
Benzoni, G. (Hg.): Il Mediterraneo nella seconda metà del '500 alla luce di Lepanto. Florenz 1974
Black, J. B.: The Reign of Elizabeth 1558–1603 (The Oxford History of England, Bd. 8), Oxford ²1959
Gerbore, P.: Formen und Stile der Diplomatie. Reinbek 1964
Kamen, H., und J. Pérez: La imagen internacional de la España de Felipe II. Valladolid 1980
Koenigsberger, H. G.: The Government of Sicily under Philip II. London 1951
–: The Statecraft of Philip II. In: European Studies Review 1 (1971), S. 1–21
Mackie, J. D.: The Earlier Tudors 1485–1558. Oxford 1952, 1978
Martin, C., und G. Parker: La Gran Armada. 1588. Madrid 1988
Mattingly, G.: The Armada. Boston 1959
–: Renaissance Diplomacy. London 1963
Meyer, J.: Frankreich im Zeitalter des Absolutismus 1515–1789. (Geschichte Frankreichs, hg. von J. Favier, Bd. 3) Stuttgart 1990
Padfield, P.: Armada. Braunschweig 1988

Rabe, H.: Deutsche Geschichte 1500–1600. Das Jahrhundert der Glaubensspaltung. München 1991
Rodríguez-Salgado, M. J., und Simon Adams (Hg.): England, Spain and the Gran Armada 1585–1604. Essays from the Anglo-Spanish Conferences London and Madrid 1988. Savage/Md. 1991
Zeller, G.: Histoire des Relations Internationales. Bd. 2: Les Temps Modernes. De Christoph Colomb à Cromwell, Paris 1953

10. Spezialstudien

Beinert, B.: Die Testamente und politischen Instruktionen Karls V. für den Prinzen Philipp. In: P. Rassow und F. Schalk (Hg.): Karl V. Der Kaiser und seine Zeit. Köln 1950, S. 21–37
Clark, P. (Hg.): The European Crisis of the 1590s. London 1985
Casado, J. L., u. a.: La Crisis del Siglo XVI. Santander 1979
Enciso Recio, L. M., u. a.: Revueltas y dalzamientos en la España de Felipe II. Valladolid 1992
García Cárcel, R.: La leyenda negra. Historia y opinión, Madrid 1992
Hofmann, C.: Das spanische Hofzeremoniell von 1500–1700. Frankfurt a. M. 1985
Kubler, G.: Building the Escorial. Princeton 1982
Lahnstein, P.: Auf den Spuren von Karl V. München 1979
Lambert-Gorges, M. (Hg.): Les élites locales et l'État dans l'Espagne moderne, XVe–XVIIe siècles. Paris 1993
Mackenney, R.: La Europa del siglo XVI. Expansión y conflicto. Madrid 1996
Maltby, W. S.: The Black Legend in England: The Development of Anti-Spanish Sentiment, 1558–1660. Durham 1971
Martínez Millán, J. (Hg.): La corte de Felipe II. Madrid 1994
–: (Hg.): Instituciónes y élites de poder en la Monarquía Hispaña durante el siglo XVI. Madrid 1992
Pietschmann, H.: Die Vertreibung der Juden aus Spanien im Jahre 1492. In: W. Benz und W. Bergmann (Hg.): Vorurteil und Völkermord. Entwicklungslinien des Antisemitismus. Freiburg i. B. 1997, S. 61–89
Pölnitz, G. Freiherr von: Die Fugger. Tübingen ^{4}1981
Rodríguez-Salgado, M. J.: The Changing Face of Empire. Charles V, Philip II and Habsburg Authority, 1551–1559. (Cambridge Studies in Early Modern History) Cambridge u. a. 1988
Schneider, R.: Philipp der Zweite oder Religion und Macht (1949). Frankfurt a. M. 1977
Schulin, E.: Die spanischen und portugiesischen Juden im 15. und 16. Jahrhundert. Eine Minderheit zwischen Integrationszwang und Verdrängung. In: B. Martin und E. Schulin (Hg.): Die Juden als Minderheit in der Geschichte. München 1981

Namen-Register

Die kursiv gesetzten Zahlen bezeichnen die Abbildungen.

Über den Autor

Dr. phil. Manfred Vasold, geboren 1943, studierte Geschichte, Politikwissenschaft und Philosophie in den USA und in Frankreich; 1978 promovierte er über ein diplomatiegeschichtliches Thema. Er veröffentlichte mehrere Bücher zu historischen Themen und zahlreiche wissenschaftliche Aufsätze. Manfred Vasold, der als freier Publizist und Übersetzer in Süddeutschland lebt, arbeitet u. a. für verschiedene Rundfunkanstalten sowie für die «Frankfurter Allgemeine Zeitung» und «Die Zeit».
Bei Rowohlt erschien im Februar 2001 «August 1939. Die letzten elf Tage vor Ausbruch des Zweiten Weltkriegs» (rororo 61135).

Quellennachweis der Abbildungen

Foto: Archiv für Kunst und Geschichte, Berlin: Umschlagvorderseite (Museo Nacional del Prado, Madrid), 55 (Kunsthistorisches Museum, Wien), 77 (El Escorial, Madrid), 79 (Museo Nacional del Prado, Madrid), 92 (Museo de Santa Cruz, Toledo), 97 (Privatbesitz), 103 (Museu Nacional de Arte Antiga, Lissabon), 107 (Musées Royaux des Beaux-Arts, Brüssel), 109 (Vleeshuis, Amsterdam), 111, 114 (Museo Nacional del Prado, Madrid), 117 (Bibliothèque Nationale, Paris), 127 (Museo Nacional del Prado, Madrid), 131 (Aus: Bernhardino de Sahagun: Historia de las cosas de Nueva España, 1569–75), Umschlagrückseite oben (Museo Civico Correr, Venedig) und unten.
Aus: Fernando Bouza: Los Austrias Mayores. Imperio y monarquía de Carlos I y Felipe II (Historia de España 15). Madrid 1996: 3 (Museo de Bellas Artes, Bilbao)
Aus: José Maria March: Niñes y Juventud de Felipe II. 2 Bde. Madrid 1941/42: 6 Lauros-Giraudon, Paris: 8
© Bildarchiv Preußischer Kulturbesitz, Berlin: 14, 15, 21, 49 (alle Museo Nacional del Prado, Madrid), 116 (National Portrait Gallery, London), 124 (Aus: Theodor de Bry: Americae, Bd. IX, 1594), 130 (Aus: Theodor de Bry: Americae, Bd. VI, 1596)
Roger-Viollet, Paris: 18 (El Escorial), 84 (Museo Lázaro Galdiano, Madrid) Manfred Vasold: 24, 25, 87, 138
By kind permission of the Marquess of Tavistock and the Trustees of the Bedford Estate: 27 (Foto: Woburn Abbey, Woburn)
Copyright © Patrimonio Nacional: 32, 137 (El Escorial); 82 (Monasterio de las Descalzas Reales)
Foto: Zuiderzeemuseum, Enkhuizen: 34 (© Sammlung der Stadt Enkhuizen, Inv. Nr. BGE 1)
Staatliche Museen zu Berlin – Preußischer Kulturbesitz, Gemäldegalerie: 37 (Foto: Jörg P. Anders)
Staatliche Museen Kassel, Gemäldegalerie Alte Meister: 39
Kunsthistorisches Museum, Wien: 40
Staatsbibliothek zu Berlin – Preußischer Kulturbesitz, Handschriftenabteilung: 42 (YA 627 kl)
Haus-, Hof- und Staatsarchiv Wien: 62, 63
© Museo Nacional del Prado, Madrid. Alle Rechte vorbehalten: 65, 93
Bibliothèque du Scolasticat de Chantilly: 73
© Photo RMN, Paris (Foto Michèle Bellot: 91 (Musée du Louvre, Paris)
Aus den Beständen des Institus für Zeitungsforschung der Stadt Dortmund: 101
© Rijksmuseum Amsterdam: 113
© National Maritime Museum, London: 120